LAS 7 VIRTUDES DEL ÉXITO

MAXIMIZA TU POTENCIAL Y CONVIÉRTETE EN VALIOSA, PRECIOSA Y SATISFECHA

REBECA SEGEBRE

Para otros materiales, visítanos en:
GuipilPress.com

© 2018 por Rebeca Segebre
Todos los derechos reservados

Publicado por **Güipil Press**
Miami, FL. - Roanoke, VA. Estados Unidos de América

Reservados todos los derechos. Ninguna porción ni parte de esta obra se puede reproducir, ni guardar en un sistema de almacenamiento de información, ni transmitir en ninguna forma por ningún medio (electrónico, mecánico, de fotocopiado, grabación, etc.) sin el permiso previo de los editores, excepto para breves citas y reseñas.

Esta publicación contiene las opiniones e ideas de su autor. Su objetivo es proporcionar material informativo y útil sobre los temas tratados en la publicación. Se vende con el entendimiento de que el autor y el editor no están involucrados en la prestación de servicios financieros, de salud o cualquier otro tipo de servicios personales y profesionales en el libro. El lector debe consultar a su consejero personal u otro profesional competente antes de adoptar cualquiera de las sugerencias de este libro o extraer deducciones de ella. El autor y el editor expresamente niegan toda responsabilidad por cualquier efecto, pérdida o riesgo, personal o de otro tipo, que se incurre como consecuencia, directa o indirectamente, del uso y aplicación de cualquiera de los contenidos de este libro.

Versículos bíblicos indicados con NVI han sido tomados de la Santa Biblia, Nueva Versión Internacional, NVI. ©1999 por Bíblica, Inc. Usado con permiso de Zondervan. Todos los derechos reservados mundialmente. www.zonderban.com.
Versículos bíblicos indicados con RVR1960 han sido tomados de la Santa Biblia, versión Reina Valera 1960. ©1960 Sociedades Bíblicas en América Latina; ©renovado 1988 Sociedades Bíblicas Unidas. Utilizado con permiso. Reina Valera 1960© es una marca registrada de la American Bible Society.
Versículos bíblicos indicados con NTV han sido tomado de la Santa Biblia, Nueva Traducción Viviente, © Tyndale House Foundation 2008, 2009, 2010. Usado con permiso de Tyndale House Publishers, Inc., 351 Executive Dr., Carol Stream, IL 60188, Estados Unidos de América. Todos los derechos reservados.

Güipil Press primera edición 2018
www.GuipilPress.com

Diseño: Victor Aparicio / Vive360Media.com
Fotografía de la portada: Victor Aparicio / Victor911.com
ISBN-13: 978-1986567275
ISBN-10: 1986567273

Categoría: Crecimiento Personal / Auto ayuda / Vida Práctica / Inspiración
Category: Personal Growth / Self-Help / Practical Living / Inspiration

Dedicatoria

A ti, mujer, que buscas cultivar las cualidades que te hacen altamente valiosa.

Agradecimientos

Agradezco a Dios por revelarme su amor, fidelidad y bondad, de tal manera que he aprendido a confiar en él. Gracias, Señor, por guiarme con tu sabiduría.

Contenido

Introducción 7

Virtud 1: Lealtad 11
Virtud 2: Bondad 33
Virtud 3: Sabiduría 43
Virtud 4: Discernimiento 55
Virtud 5: Generosidad 65
Virtud 6: Humildad 79
Virtud 7: Fe 87

Confiando en Dios... porque podemos 95
Una oportunidad de brindar consuelo a alguien más 97
Apéndice A: El Plan Divino 101
Acerca de la autora 103

Introducción

Alguna vez te has preguntado ¿por qué algunas personas alcanzan el éxito mientras que otros parece que no logran encontrarlo? ¿Será que unos saben algo que los demás no?

En este libro quiero compartir contigo los secretos del éxito encontrados en un capítulo de la Biblia. He querido que aquí estudiemos el capítulo 3 de Proverbios para descubrir **las virtudes** que la persona descrita como "el hombre más sabio y rico de la tierra" nos presenta como las columnas del éxito personal.

Hablaremos de cómo cultivar y luego aplicar estas virtudes de manera práctica en tu negocio, trabajo y vida personal. He leído el libro de Proverbios muchas veces y me he dado cuenta que en este capítulo existen verdades que no están escondidas, sino que muchas veces son olvidadas o pasadas por alto al leer y en nuestro diario vivir.

En este libro estudiaremos estas siete virtudes, las cuales, al aplicarlas en nuestra vida harán que nuestro potencial de éxito crezca enormemente. Esto lo digo con confianza porque sé que cultivar estas virtudes te ayudará a vivir con sabiduría y por lo tanto:

- Alcanzar el éxito en la vida.
- Identificar y superar las fuerzas que amenazan tu éxito.
- Desarrollar la virtud (bondad) que te ayuda a resolver los conflictos en tu vida.
- Aplicar la humildad y generosidad que acaban con la tentación de ser impulsivos, la cual es la mayor causa de pérdida financiera.

Cuando hablamos de éxito no nos referimos a la noción popular de alcanzar el secreto de hacer riquezas materiales lo más rápido posible, para atesorarlas para ti mismo y jactarte. Este libro enseña a cultivar virtudes tales como la generosidad, la fidelidad y el discernimiento las cuales te hacen valiosa y preciosa. También, podrás identificar cómo experimentar satisfacción y alegría en la vida sin importar las circunstancias del momento presente. El éxito es algo que se logra y es por eso que se puede adquirir al cultivar las 7 virtudes que estudiaremos en este libro.

Definición de éxito

Antes de comenzar a detallar cada virtud debemos definir la palabra éxito. La definición más simple de la palabra éxito es alcanzar tus metas. El éxito del que estamos hablando en este libro se refiere a alcanzar metas loables establecidas por nosotros o nuestros superiores manteniendo el buen carácter y estándares de excelencia. El buen carácter requiere hacer lo correcto, incluso cuando es costoso o arriesgado. Los estándares de excelencia nos aseguran a no sentirnos exitosos sólo por comparación con otros en lugar de la calidad de los resultados logrados.

Las virtudes que estudiaremos, yo las llamo "las virtudes del éxito" porque atacan directamente una falla del comportamiento que es catastrófica para la salud de cualquier reto o emprendimiento al que decidamos enfrentarnos.

Las virtudes del éxito son un antídoto radical contra ese mal llamado "fracaso". Tomaremos el capítulo Proverbios 3 y el capítulo 31 del mismo libro que habla sobre la mujer virtuosa. Para este estudio vamos a comenzar con tener una copia del capítulo 31 de Proverbios para subrayar las virtudes que vamos encontrando. En cada capítulo, te invito a "examinar tu corazón" y a llenar la sección llamada "cómo está tu corazón".

La idea de este libro es que puedas vivir con verdadero entusiasmo

La palabra *Entusiasmo* significa "lleno de Dios". Deseo que recuerdes que este día es un regalo que no debe pasar desapercibido. Y es por ello que te invito a escribir en tu diario tres cosas por las cuales debes agradecer hoy, y tres cosas que harás hoy para el éxito de tu sueño o proyecto.

Alcanzar a las metas puede lograrse con los mecanismos y el combustible equivocados. Es por esto que quiero que juntas miremos en las Sagradas Escrituras, y en particular en las palabras del hombre que es considerado el más sabio y más rico que ha existido en la historia de la humanidad, el rey Salomón.

Yo he estudiado su libro por muchos años y al considerar las palabras que se encuentran en el capítulo 3 de proverbios he encontrado varias virtudes que el mismo Salomón nos amonesta seguir para ser coronados con éxito. La frase y pensamiento parafraseado del rey Salomón que me ha dirigido desde mis 16 años de edad es esta: *El coronará de éxito tu esfuerzo si tu permites que Él te guíe*. Así que, esta es una invitación al éxito. Estudiemos y luego cultivemos estas 7 virtudes.

Estas te asegurarán que termines tu proyecto, tu sueño manteniendo el entusiasmo. Como ya te mencione, *Entusiasmo* significa "lleno de Dios". Conoceremos lo que significa: "La bendición de Jehová es la que enriquece, y no añade tristeza con ella".

VIRTUD 1: LEALTAD

"¡Nunca permitas que la lealtad ni la bondad te abandonen! Átalas alrededor de tu cuello como un recordatorio. Escríbelas en lo profundo de tu corazón. Entonces tendrás tanto el favor de Dios como el de la gente, y lograrás una buena reputación."
Proverbios 3: 3-4

Existen cuatro mitos muy comunes sobre el éxito, estos son:

"Si no lo tienes, pretende"

Si sientes que aún no has alcanzado el éxito, ¡fácil! Pretende que lo tienes. Vístete, actúa y luce como si lo tuvieras.

Este mito nos puede llevar al fracaso interno, donde no existe congruencia con nuestra auto imagen y la imagen que creemos que transmitimos a los demás. Este mito normalmente viene a acompañado de una sugerencia adicional:

Si no puedes pretender que eres exitosa, no te presentes delante de nadie, no vayas a la fiesta, al evento o a ningún lado donde hagas obvio que no eres exitosa. Esto nos lleva a la vergüenza.

"El éxito del otro es contra del tuyo"

Si quieres tener éxito, debes "meterle el pie a los demás" o mínimo solo pensar en tu propio éxito, ayudarte a ti misma sin considerar a los demás.

Este mito nos lleva a vivir vidas egoístas y desagradecidas lo cual nos roba el gozo de nuestras relaciones.

Otros van más allá de impedir el éxito a otros y piensan, "si yo quiero tener éxito o verme como que tengo éxito, debo mostrarme dura, controladora de manera que me tengan miedo." De allí salen expresiones como: "la más gritona gana", podría decir alguna mujer que ha tomado este mito sobre como alcanzar el éxito. Esta actitud crea estrés y ambiente toxico para ti y para los que te rodean.

"El mito de ser muy conocida"

También existen otras ideas erradas del éxito, como por ejemplo, que para ser exitosa debes ser conocida por muchos. En realidad no se trata de cuántos te conocen, sino de cómo te reconocen los que sí te conocen.

Cuando eres reconocida por tus virtudes y manejas tus talentos con estándares de excelencia, entonces el éxito de tus proyectos es cuestión de tiempo y el éxito personal será indiscutible.

"El mito de ser exitosa por comparación"

El hacer nuestra labor con estándares de excelencia es una buena medida de nuestro éxito. Es por esto que el éxito no se debe medir comparándonos con las demás. Todos tenemos habilidades que hacen que nuestro trabajo se vea excelente porque tenemos una habilidad extraordinaria.

Mi hija es muy inteligente y entonces me tocó enseñarle esto hace poco. Le dije, "Julia, yo sé que tú tienes muy buenas notas y te felicito por esto. Sé que tú escuchas a los profesores y haces tu tarea en casa. Pero estás comparándote con las demás y sabes que no necesitas dar lo mejor de ti para sacar notas más altas que la mayoría de tus compañeros.

Yo que te conozco, sé que tú no estás dando tu excelencia porque no le estás dando el tiempo requerido a las tareas, las dejas para la última hora".

No puedes vivir de la habilidad, porque al compararte pareces un genio, pero tu carácter se daña al hacer las cosas apresuradamente y con mediocridad. Muchas veces eso sucede cuando trabajamos solo en nuestra habilidad.

Se nos olvida ser excelentes y Dios quiere que siempre demos lo mejor que tenemos. No te compares con lo que hacen los demás porque esa no es la mejor medida para tu éxito. Si puedes hacer y dar más, ve por más.

Las palabras de Salomón son muy explícitas. Existen dos virtudes que nunca debes abandonar para asegurarte el favor de Dios y de los hombres, estas son: la lealtad y la bondad. Estudiaremos ahora la relación entre lealtad y el éxito.

No conozco a nadie que quiera interactuar con alguien en quien no confía. Para que un equipo de dos o más funcione, debemos tener la confianza de creer que todo está marchando bien, sin preocuparnos de encontrar un desastre cuando dejamos de mirar lo que hace el otro.

Cuantos hemos sido sorprendidos el día que abrimos el cuarto de nuestro hijo adolescente y encontramos que un pequeño huracán pasó por allí y dejó todo descompuesto.

Esa es la idea de equipo, mientras que tú trabajas en un área, ya sea de un emprendimiento o una tarea particular, estamos espalda con espalda, yo trabajo y vigilo el área que se me asignó a mí.

La madurez requiere lealtad a nuestros deberes, relaciones y a nuestra propia persona. Si dos personas pueden ser honestas la una con la otra, ya saben cuál es la mayor clave del éxito.

En una relación, si ambos somos leales y confiamos en el otro, y no solo porque somos incautos y confiados, sino que sabemos de verdad que la virtud de la lealtad adorna nuestras relaciones mutuamente, ambos podemos confiar en que cada uno tiene la buena voluntad de estar haciendo su parte.

Salomón también escribió sobre esto bien claramente en *otro de sus libros: "Es mejor ser dos que uno, porque ambos pueden ayudarse mutuamente a lograr el éxito."*
Eclesiastés 4: 9 (NTV)

Esto es cierto para los negocios y para cualquier relación. "Dos es mejor que uno", es una expresión certera solo si puedes confiar en el otro. Es por esto que Salomón continúa su explicación y en el versículo 12 dice:

"Alguien que está solo puede ser atacado y vencido, pero si son dos, se ponen de espalda con espalda y vencen; mejor todavía si son tres, porque una cuerda triple no se corta fácilmente."

Hablemos de la lealtad de manera práctica y específica

EN LOS NEGOCIOS, por ejemplo, podríamos decir que de la lealtad al prestar tu servicio se puede pasar a la fidelidad del cliente.

Ahora pensemos por un momento y chequeemos "cómo está tu corazón". En tu negocio, las personas ¿pueden volver a contratarte o te va mejor si trabajas con clientes que nunca más tendrán que verte? ¿Qué pasaría si tu sustento económico dependiera de tu fidelidad al hacer tu trabajo? Piensa en una lista de trabajos en los que las personas no necesariamente volverán a ver a sus clientes después de prestarles un servicio. Por ejemplo, se me ocurre, los que venden comida en una feria anual, los que manejan un taxi comparado con los que manejan Uber.

Recuerdo mi primer trabajo como ingeniera. En ese entonces, vivía en el estado de Minnesota, EEUU. El dueño mayoritario de la compañía era un inglés de Wells, Inglaterra, llamado Art.

Empecé como ingeniera de sistemas haciendo programación. Era una compañía pequeña de 24 personas. No soy la mejor en programación, pero era muy buena en muchas otras cosas. Sin embargo, ellos me dieron ese trabajo, me lo confiaron. Por tal motivo, todos los días tenía que hacer algo muy importante: orar por y para todo. Entendí que debía depender de Dios y gracias a esa acción, me gané la confianza de todos ellos.

¿Cómo sé que me gané la confianza? Porque Art me llamaba y me decía: "Rebeca, ¿qué piensas de esto? ¿Qué crees que debemos hacer?" y yo solo oraba "Dios mío ayúdame".

Art llegó a confiar en mí de tal manera que un día me pidió irme de viaje con uno de los dueños de la compañía. Me sorprendió cuando me dijo "Rebeca, quiero que te vayas con el vicepresidente porque quiero que te sientes a su lado y escribas todo lo que está haciendo mal." Art quería que yo escribiera todo lo que yo pensaba estaba mal con los procesos que se utilizaban para recolectar los requerimientos de los clientes y cambios de nuestro sistema de software. Yo era muy joven y como programadora de sistemas pensaba que no era muy buena. Temía que en cualquier momento los dueños se darían cuenta y me llamarían para despedirme. Por otra parte, no estaba sorprendida por la confianza que me tenían porque daba todo en mi trabajo y el dueño de la empresa me tomó como alumna; teníamos una relación empresarial muy especial.

Aprendí mucho de él pero me sorprendió cuando me dijo "Rebeca quiero que te vayas con el vicepresidente de la compañía (que es parte dueño de la compañía también) porque quiero que te sientes al lado de él y me digas me escribas todo lo que le está haciendo mal." Quién hace esto es porque confía en ti.

"Cuando estés cepillándote los dientes, por favor, piensa en la solución de este problema", me decía Art. Se trataba de llegar a una estrategia de cómo definíamos lo que incluía nuestro sistema básico, cómo recogemos la información para configurar la información de acuerdo a las normativas diferentes de cada cliente y cómo decidíamos qué cosas no eran parte del diseño básico ni el diseño configurable, pero que podrían ser parte de un módulo añadido exclusivamente diseñado para el cliente, de tal manera que no estuviésemos creando un sistema nuevo para cada cliente que cerraba contrato con nosotros.

Cuando le llevaba mis respuestas, Art me decía "piensa más arriba". Nunca lo olvido. Aún lo utilizo en mi emprendimiento: "¡Piensa más arriba, Rebeca!" Y todavía comienzo el día con una sesión de lluvia de ideas cuando me lavo los dientes y me doy una ducha. En las mañanas, le llevo a Dios mi lista de cosas por hacer y espero que él me inspire una idea que resuelva un problema o una estrategia que me ahorre tiempo, me ayude a servir a mis clientes y le de armonía a todos los proyectos que estoy trabajando.

Hice mi investigación y se la llevé a Art. Con cada problema también debía proponer una solución. Decidí que íbamos a crear unos procesos que no existían en la empresa y me convertí en analista de negocios. Yo no sabía que existía ese término. Me convertí en una profesional y por supuesto me dieron un aumento.

En aquella época no entendía por qué ellos confiaban en mí, pero ahora comprendo. Ellos sabían en ese entonces, lo que yo ahora como jefe de proyectos sé muy bien: que es mucho mejor trabajar con alguien en quien confías, a trabajar con una persona supremamente habilidosa, pero en quien no se puede confiar. ¿Sabes qué es lo triste de la historia? Pues, un día yo perdí la confianza en ellos. Un día me llamaron y dijeron "Rebeca, ¿puedes esperarnos dos semanas para pagarte?" y yo no podía darme ese lujo. Pensé que tal vez la empresa estaba por quebrar así que pensé, "voy a tener que buscar otro trabajo". Comencé a buscar un trabajo de ingeniera y me fui de la empresa.

Este ejemplo te dice que la confianza debe estar presente en ambos lados o sino la relación se daña. La Biblia dice que la lealtad y la bondad nos hacen valiosas. Nos hacen valiosas en el trabajo, en nuestras relaciones y a los ojos de Dios.

Escribe tus pensamientos

Piensa en las cosas pequeñas que muestran tu lealtad o confiabilidad. Escribe un ejemplo de cómo puedes hacer lo correcto aun cuando tú seas el único que lo hace, por ejemplo, como la tentación de jugar en el computador en lugar de hacer el trabajo por el cual te han contratado.

Los enemigos de la lealtad

Salomón nos enseña que si escoges la lealtad, te acercarás al verdadero éxito. "

El erudito no considera el oro como un preciado tesoro, sino la lealtad y la buena fe." - Confucio.

Ahora miremos los peligros de no tener relaciones basadas en la lealtad.

La desconfianza

La desconfianza puede ser el comienzo del fracaso de una relación. Por ejemplo, la lealtad en el matrimonio se mide por muchos factores, uno de los más importantes es la fidelidad sexual; sin embargo, la infidelidad a las palabras del pacto y compromiso que se hicieron en un momento importante, tal vez en la oficina de un juez o en un altar, rompe la confianza en una relación.

Uno de los votos más comunes en una ceremonia de bodas, cuando la pareja expresa su profundo amor el uno por el otro, se refiere a ser leales a través de los buenos y malos tiempos.

"La falta de confianza es una de las mayores causas del fracaso en cada ámbito de la vida." - Napoleón Hill

Sin embargo, en las relaciones matrimoniales, la desconfianza cuando se trata del dinero se convierte en un problema. La deslealtad a los acuerdos de dinero puede llevar a una pareja a la ruina económica y a la ruina de la relación.

En las relaciones, una promesa no cumplida o una esperanza que se posterga, hace que al final se rompa la confianza. Te doy un ejemplo: Cuando tu esposo te promete que tendrán algún día una luna de miel y tú tienes esa esperanza real, pero ese día nunca llega y tu expectativa no es satisfecha, lo primero que pasa es que vas perdiendo la motivación. Luego, con el tiempo, te das por vencida en ese sueño. Lo peor es que pierdes la confianza en la otra persona, y de allí a la pérdida de la relación hay solo un paso. Esto es porque el corazón se llena de rencor y descontento y ya no conoce la esperanza.

¿Cuál sería la solución aquí?

Si tu esposo no es digno de confianza en su promesa y tú tienes el sueño de tener esa experiencia hermosa de luna de miel; entonces, toma ese ofrecimiento y conviértelo en una meta tuya. Haz lo que esté bajo tu control para alcanzar tus sueños, nunca te quedes con el sentimiento de desconfianza. Confía en Dios y cree que tú lo puedes lograr y salva tu relación.

La lealtad en lo espiritual

Vivimos en un mundo que nos enseña la relatividad de los conceptos y las cosas. Vivimos en un mundo de sentimientos. Sin embargo, para ser leales debemos ser personas de principios. (Mi libro *Mi vida: Un Jardín* habla de hacernos una constitución personal) esto es, decidir cuáles serán los principios que rigen nuestra vida y ser LEALES a ellos sin importar cómo nos sintamos ese día.

Tal vez se pueda mal interpretar lo anterior. No quiero decir que no debe importarnos cómo nos sentimos, pero sí es crucial no dejar que los sentimientos manejen nuestra vida al punto de perder el control y olvidar nuestros principios claves. La lealtad espiritual es decidir que viviremos controlados basados en principios y no por sentimientos.

Por ejemplo: el no hablar mal del prójimo es un principio, pero hoy nos sentimos ofendidos y la lengua se nos quiere ir. Nuestro sentimiento o emoción negativa querrá tomar la decisión sobre cómo actuar, pero nosotros tenemos que decidir: viviré, esto es lo que haré, por principio y no por emoción.

La lealtad en la vida privada

Miremos otro **ejemplo:** Supongamos que nuestros principios nos dicen no mentirle al esposo (principio universalmente correcto), lo cual implica no omitir los detalles importantes. Imaginemos que nos hemos comprometido a consultarnos el uno al otro en las compras que hacemos superiores a los 100 dólares.

Ahora, supón que vas con una amiga y ella se compra un par de zapatos hermosos y te dice "comprémonos un par."

Tú sabes que son más de 100 dólares… y te da pena decirle que vas a llamar a tu esposo…

¿Qué haces? ¿Cuáles son los sentimientos que podrían llegar? ¿Cuál es el principio que te has fijado?

¿Qué diferencia haría si en lugar de ser un par de zapatos fuese una oferta súper especial de algo que siempre han deseado comprar ambos y cuesta más de 100 dólares, pero tu esposo no contesta el teléfono?

¿Cuál es el principio aquí?

El principio es no malgastar el dinero de la familia -el límite es "más de 100 dólares- Hay que comprender muy bien el PRINCIPIO y la PAUTA para poder SER LEALES al punto de hacer juicios razonables sobre situaciones particulares. Esto es CRUCIAL para mantener la lealtad intacta.

La lealtad en tu trabajo

¿Recuerdas la primera compañía para la que trabajé? Había renunciado porque había perdido la confianza en su habilidad o posibilidad de pagar el salario. Pues, un día después de seis meses de haber estado trabajando ya con otra empresa, ellos me llamaron por teléfono. Me dijeron: "Rebeca, te queremos de vuelta. Ya tenemos dinero. Solo dinos cuanto quieres de salario".

Yo fui a Dios, porque esta vez me estaban contratando como jefe de proyectos y debía viajar. Dios me dio un número que debía pedir como nuevo salario. Era casi el doble de lo que me habían pagado hasta ahora. Ellos accedieron. Dios trabajó en mi vida por medio de este nuevo trabajo.

Muchos eran los obstáculos para que una mujer como yo fuese destacada en su trabajo. Soy una mujer latina, tengo acento latino cuando hablo inglés, no soy hombre, trabajo de ingeniera, es un oficio que es mayoritariamente masculino. Pero con la ayuda y el favor de Dios y de los hombres, el cual se adquiere con oración y fidelidad en el trabajo, todos esos aspectos negativos se convirtieron en mi ventaja competitiva. Nuestros nuevos clientes estaban ahora en Latinoamérica y necesitaban a un ingeniero que entendiera la tecnología, la cultura y el idioma. ¡Dios sabe cómo recompensar tu fidelidad!

La deshonestidad

La deshonestidad es cuando te ganas la confianza de alguien solo para utilizar sus recursos, su influencia y luego olvidarte de ella. Esto es lo que he aprendido en mis largos años de práctica profesional: La deshonestidad es un mal negocio. He visto personas mentir, crear falsos testimonios, engañar, simplemente para sacar el beneficio deseado o dejar a otros sin la ganancia merecida. Aunque creas salirte con la tuya, no llegarás realmente al punto más alto del éxito porque puedes llegar a convertirte en tu propio verdugo cuando recuerdes todo lo desleal que fuiste.

Después de vivir y trabajar por siete años en Minnesota, me mudé para Miami porque tenía mucha depresión y ansiedad debido a mi situación matrimonial.

La doctora me dijo que necesitaba poner luz solar en el cubículo donde trabajaba para que no me deprimiera. "¿Luz solar en mi cubículo? Lo que necesito es sol. Yo me voy para allá donde brilla el sol."

Uno tiene que tomar control de lo que está a su alcance e ir a buscar un trabajo donde sea bueno para uno mismo y para quienes nos rodean. Cuando viajaba, busqué empleo con una agencia de trabajo y no encontraba. Un día me dijeron: "Mira, tenemos un trabajo que nadie quiere. Te vamos a dar un trabajo en un lugar malísimo."

Es terrible. La gente entra y sale porque ahí la gente se maltrata unos a los otros y nadie se quiere quedar ahí en ese ambiente. Pero como tú te quieres vivir en Miami, entonces tú comienzas ahí y después tú también te irás para otro lado y luego vas a estar bien."

Cuando entré como jefe de proyectos, me dieron cuatro cuentas. La cuenta de British Airways era genial, viaje en primera clase a Londres cuatro veces y el cliente era excepcional. El problema no eran los clientes, tampoco eran el problema los programadores que trabajaban en mi equipo, eran los que estaban en la directiva más arriba.

Recuerdo el día que se hizo una reunión en mi lugar de trabajo. Todos fueron invitados excepto yo. Yo era tan distraída en mi cubículo que ni cuenta me di que 250 personas estaban reunidas y yo era la única en mi escritorio.

Al final de la reunión, uno de mis compañeros se me acercó y me dijo, "Rebeca, qué bueno que no fuiste a la reunión, le dieron un premio a un manager por el trabajo que tú hiciste..."

No me sorprendió que no me dieran el premio, no me asombró que se lo hubieran dado a alguien que nunca antes había trabajado en ese proyecto. Lo que me impresionó fue que no me invitaron a la reunión. Me sentí como un cero a la izquierda.

Después entendí el mensaje. La razón que se me negó la invitación es porque ellos no querían que yo supiera que mi trabajo era digno de un premio.

Así que me alegré cuando mi compañero me hizo saber sobre la existencia de la reunión a la que no fui invitada, porque así me di cuenta que mi trabajo es digno de homenajes, premios, y que los que no logran el éxito en sus proyectos tienen que robarle el honor a otro.

¿Cómo crees que se siente el gerente que se llevó a la casa ese trofeo que él mismo sabe que nunca trabajó?

El sabio Salomón nos amonesta en su libro de Proverbios a asegurarnos de no abandonar la lealtad.

"¡Nunca permitas que la lealtad ni la bondad te abandonen! Átalas alrededor de tu cuello como un recordatorio. Escríbelas en lo profundo de tu corazón." Proverbios 3: 3 (NTV)

La lealtad de la mujer de proverbios 31: 11

"Su marido puede confiar en ella, y ella le enriquecerá en gran manera la vida." (NTV)

(Esto nos dice que: El corazón de su marido confía en ella con confianza y sus confidencias están seguras, Y él no tendrá falta de ganancias.)

Confianza es tener la seguridad de que puedes contar con alguien para algo y que no habrá error o traición premeditada. La persona es leal.

El esposo de esta mujer virtuosa confía en ella y no es una confianza ciega. Él le tiene fe y no es defraudado. A menos que tú y tu pareja estén unidos en propósito, dedicación y lealtad, no tendrás éxito en tu relación. Desconfiar y estar cuidándote de tu cónyuge es un trabajo extra, pero es una ventaja competitiva el vivir completamente confiada en él.

Mirando bien de cerca a la mujer virtuosa, nos damos cuenta que esta mujer tiene un fuerte compromiso con Dios y su familia.

No hay lealtad sin compromiso. Así que, te invito a que ahora hagamos compromisos específicos:

- Me casé y voy a amar a mi esposo, a orar por él, a ser su ayuda.
- Tengo hijos, los voy a criar, amar, dirigir y orar por ellos.
- Tengo un perrito, lo voy a amar, cuidar e instruir.
- Tengo un llamado de Dio,s voy a estudiar, servir y orar.
- Tengo un negocio, voy a trabajar, a persistir y a orar.
- Tengo una vida, voy a cuidarme, amarme, ayudarme y voy a aprender a vivir sabiamente.

¿Cómo sabemos si podemos confiar en el otro?

Miremos a la definición de la palabra 'confianza': Confianza es la seguridad o esperanza firme que alguien tiene de otro individuo o de algo. Se trata de un fenómeno tan familiar que casi no notamos su presencia y su diversidad es la creencia en que el uno no hará nada para dañar intencionalmente al otro. Por definición, entendemos que la lealtad es un concepto CLAVE en una relación interpersonal.

¿Por que lo digo?

Porque confiar es el derecho del individuo de decidir por sí mismo en qué medida compartirá con otros sus pensamientos, sentimientos y los hechos de su vida privada.

Constantemente nos vemos obligados a contar con otras personas y a depender de estás, sobre todo en la relación matrimonial...

Cuando tu hijo te dice que quiere aprender a tocar un instrumento, ¿qué haces? ¿Lo criticas o lo ayudas?.

Nuestros hijos, nuestros esposos, nuestros empleadores nos entregan a su cuidado muchas de las cosas que más valoran:

La salud, bienestar, hijos, propiedades, pertenencias, etc.

Confianza intencional requiere de nosotros:

- Buena voluntad de uno hacia el otro o de los otros
- Creer en que aquel en el que depositamos nuestra confianza no nos hará daño
- Capacidad de juzgarse mutuamente y tener cierto control sobre la vulnerabilidad del otro.

Profundizando, existen diferentes tipos de confianza:

Confianza calculada,
confianza verificable,
confianza recíproca,
confianza ganada
y confianza incuestionable...

La fortaleza de las relaciones proviene de los beneficios que gozamos el dar y al recibir. La confianza de este esposo en Proverbios, tiene la creencia de que la esposa realizará acciones que tendrán resultados positivos... y no realizará acciones inesperadas con resultados negativos: no tendrá falta de ganancias; en cambio, enriquecerá en gran manera su vida.

Siguiendo con mis ejemplos laborales. Quiero hablarte de uno de mis mejores jefes. Se llamaba Tammy y también me enseñó mucho y me confió mucho. Me dieron un proyecto tan minúsculo para comenzar, al que solo le dieron diez mil dólares de presupuesto y cuando lo terminamos, recibimos más de un millón de ganancias al año como resultado. Luego me dieron un proyecto gigantesco que no sabíamos cómo lograr.

Cambiamos un sistema importante en más de 20 barcos al mismo tiempo y por la gracia de Dios lo hicimos en el presupuesto, a tiempo y sin fallas.

Llegó el día en que Tammy debía hacer mi revisión del año, y para mi sorpresa, ella me dijo: "Rebeca, quiero decirte que el único problema que veo contigo es que parece que trabajaras en el servicio secreto. Eres el mejor secreto guardado de la compañía." Con una sonrisa pícara, continuó: "La gente no sabe todas las cosas que tú haces". Yo sabía que ella sí conocía mi trabajo y que podía entregarme un proyecto y no llevarse la gloria.

Así, en confianza, es como dos personas pueden ayudarse mutuamente alcanzar el éxito. Yo sabía que Tammy es una persona que tenía muchos años de trabajo en la compañía, tenía también la confianza de sus superiores y ella estaba permitiéndome llegar allí y ser parte de estos grandes proyectos.

Entonces yo le cuidaba su espalda haciendo lo mejor y siguiendo sus instrucciones, entonces eso es lo que dice lo que dice Salomón en Eclesiastés: "Mejor si son dos porque si se ponen espalda con espalda conquistan" Tammy y yo conquistamos muchos proyectos de esa manera.

Confiarse en alguien significa descansar en esa persona, a veces con más seguridad que en uno mismo, en todo lo concerniente a nuestras ideas, necesidades o intereses.

Esta buena opinión nace de la confianza que hemos formado en base a la inalterable honradez, reserva y fidelidad (LEALTAD) de nuestro confidente. Así es como podemos decir: "confío que mi amigo no me venderá, no descubrirá mis secretos."

Confiar nuestras vidas en Dios es saber que aunque nosotros seamos infieles, él permanece fiel. Confiarse en Dios significa descansar en la persona de Dios.

Meditemos:

¿Qué opinión nos hemos formado de DIOS?

Por ejemplo: Alguien puede decir que **confía** en la sabiduría de su abogado para que le aconseje acerca de su pleito, pero no se fía en su acertado manejo ante el tribunal y las tentaciones de aliarse con otro en tu contra.

Aunque no nos fiamos del abogado, muchas veces le confiamos, imagínate lo difícil en situaciones delicadas en las que tenemos que confiar intimidades a autoridades que no sabemos si las usaran en nuestra contra... Esto nos habla de lo importante de poder confiar en nuestros líderes, profesores, policías, jueces y presidentes.

Hace poco, el 22 de febrero, en la pequeña ciudad donde vivo en Virginia, una niña se acercó a una profesora y le confió lo que había visto. Le dijo que un niño había traído un arma cargada de balas a la escuela. La niña confió en esa profesora y salvó la vida de muchos.

La confianza evitó una tragedia más. Que difícil sería si en nuestras escuelas o comunidades no pudiéramos decir algo así: "Aunque no me fío de ti y no te tengo confianza alguna, voy a hacerte esta confidencia."

La prueba de la buena ciudadanía es la lealtad de los ciudadanos a su país

Dicen que la lealtad de una esposa se prueba cuando su marido no tiene nada. La lealtad de un marido se prueba cuando lo tiene todo (**La lealtad es: no abandonar** nuestras promesas cuando nos conviene hacerlo). Cuando la batalla se recrudece, se prueba la lealtad del soldado.

Cómo está tu corazón

Después de analizar estos ejemplos podemos ver lo difícil que es encontrar lealtad en la vida. Es por esto que debemos entender dos cosas:

- Decide hoy que tú serás Leal. Se tú la persona en la que se puede confiar y tendrás éxito.

- Confía en Dios…. Descansa en el… El es leal a su persona (características, nombres) y a sus promesas.

Salomón nos lo dice claro en el versículo 5: confía en Dios más que en ti mismo y en tu propia prudencia – pero esto lo detallaremos más adelante.

Como ser confiable

- Se honesto
No mientas para salir ileso, no hagas trampa ni te robes la honra que le corresponde a otro.

- Sé confiable
Mantener tu palabra, tus compromisos. Que las personas sepan que pueden contar contigo.

- Sé valiente
Asegúrate de hacer lo correcto aunque sea difícil hacerlo.

- No seas traicionero
No traiciones a tu amigo, tu empleador, tu familia, tus valores.

Como líder

- Aprende a trabajar en equipo y que los demás puedan sentirse seguros al colocarse espalda con espalda contigo.

- Aprende a crear tu propio equipo con personas que sean dignas de confianza.

- Promueve y crea compromiso y lealtad. Sé la motivación para que otros sean fieles.

En la vida

- Decide hacer una constitución personal referente a la lealtad y decide que no vivirás de sentimientos.

VIRTUD 2: BONDAD

"¡Nunca permitas que la lealtad ni la bondad te abandonen! Átalas alrededor de tu cuello como un recordatorio. Escríbelas en lo profundo de tu corazón. Entonces tendrás tanto el favor de Dios como el de la gente, y lograrás una buena reputación."
Proverbios 3: 3-4

Para alcanzar el éxito debemos mantener la virtud de la bondad, la cual ataca el egoísmo. El egoísmo es la enfermedad que nos hace centrarnos en nosotros mismos. La bondad nos asegura que cuando lleguemos al éxito tendremos los pies en la tierra y podremos ayudar de verdad y de continuo a otros.

Las virtudes de la misericordia (la palabra hebrea para bondad amorosa y amor leal) que proviene de Dios debe convertirse en parte central en nosotros, externamente en nuestro comportamiento, para que todos lo vean como un adorno de belleza espiritual, e interiormente como una actitud de misericordia para con los demás al tratarlos y considerar sus actos.

Yo considero que existen dos atributos de la bondad:

1. La bondad es universalmente atractiva.
2. Con la bondad se construye al mundo.

Si te parece que exagero, piensa en todo lo que se ha destruido con la maldad. "La gente puede considerarse pura según su propia opinión, pero el Señor examina sus intenciones." Proverbios 16: 2

Antes de actuar, en situaciones donde las consecuencias de nuestras acciones afectarían a otras personas, preguntémonos: ¿Son nuestras intenciones buenas?

El rey David, el padre de Salomón, era un hombre que valoraba y practicaba la bondad. Lo vemos en estos ejemplos de la historia de su vida.

- David era un hombre de bondad. Tenia intención bondadosa de honrar a los que más amaba:

"Y dijo el rey: ¿No queda aún alguien de la casa de Saúl a quien yo pueda mostrar la bondad de Dios? Y Siba respondió al rey: Aún queda un hijo de Jonatán lisiado de ambos pies." David decide ayudarlo, lo trae a su casa y le dice: "No temas, porque ciertamente te mostraré bondad por amor a tu padre Jonatán, y te devolveré toda la tierra de tu abuelo Saúl; y tú comerás siempre a mi mesa."

- David hablaba de la **bondad** de Dios como algo que debía ser experimentada y celebrada cuando dijo: "anunciar por la mañana tu **bondad (o misericordia) y su fidelidad cada noche**"

- Salmos 86: 17 escuchamos a David orar a Dios por ayuda y al final dice:

"Muéstrame una señal de bondad, para que la vean los que me aborrecen y se avergüencen, porque tú, oh Señor, me has ayudado y consolado."

Los frutos de la bondad

La bondad tiene frutos muy visibles y difíciles de esconder o pasar por alto. Es interesante que el sabio salomón cuando nos habla de las virtudes importantes para el éxito, nos habla primero de la lealtad y luego de la bondad, esto en el capítulo 3 y luego en el capítulo 31 hablando de la mujer virtuosa.

Él dice, sobre esta Mujer virtuosa, primero que es leal y luego que es bondadosa.

"Ella consuela, alienta y le hace solo EL BIEN, no lo malo - Todos los días de su vida."

Restaurada por Dios, como mujer casada con el rey David, favorecida al concebir a su hijo Salomón, Betsabé crió a su hijo Salomón con toda diligencia y cuidado piadoso. Lo podemos decir porque el propio Salomón lo confirmó al escribir:

"Instruye a un niño por el camino que debe seguir" (Proverbios 22: 6), y "Pues yo, igual que ustedes, fui hijo de mi padre, amado tiernamente como el hijo único de mi madre" Proverbios 4:3 (NTV).

El rey Salomón, el autor de Proverbios, reconoció el papel crucial de Betsabé en su vida cuando escribió:

"Cuando era hijo de mi padre, tierno y único a los ojos de mi madre" Proverbios 4:3

Estos textos reflejan la educación que recibió de ambos, su padre y su madre.

La Biblia permanece en silencio sobre la mayor parte de la vida de la madre de Salomón, Betsabé. De los episodios que conocemos, podemos imaginarnos que alcanzó a vivir la tranquilidad en su hogar, mantuvo una vida digna donde la gentileza y valentía se convirtieron en virtudes muy suyas. Esto podemos notarlo al ver que ella logró conservar su influencia sobre David hasta su muerte. Esto se refleja en la forma en que ella se acercó a David y le recordó su promesa de hacer que su hijo, Salomón, fuese su sucesor.

La tradición judía y varios comentarios sostienen que el rey Lemuel y el rey Salomón fueron la misma persona, lo que hace que la madre de rey Lemuel sea Betsabé. Según esa teoría, ella pudo haber sido la autora de las enseñanzas de Proverbios 31.

¿No es algo significativo el pensar que la tradición dice que fue Betsabé quien compuso Proverbios 31?

Yo sí considero que este hecho sea muy significativo, ya que esa no es la descripción más común que tenemos de Betsabé... La historia de cómo llegó al trono ha sido motivo de JUICIO. Qué hermoso que su hijo SALOMÓN la vindicara diciendo...

"Antes de yo llegar a esta tierra se habló mucho. Pero YO SOY el Fruto de lo que esta mujer con sus acciones como esposa de mi padre y como madre mía, ha hecho y logrado en mi vida...esta es la mujer que queda en la historia..."

¿Restaurada por Dios, favorecida como madre, y ahora virtuosa, sabia, además de hermosa? ¡Esto nos da esperanza a todas! Porque no todas comenzamos bien, pero todas podemos decidir bien HOY. No podemos cambiar el pasado, pero Dios sí puede. Al no tener en cuenta nuestros pecados, por medio de Jesús, tenemos un futuro redimido.

Fuimos a New York City el 24 de diciembre porque la hija de mi amiga iba a ser María en una obra de teatro navideña.. Pero antes de ver la presentación escuchamos al pastor hablar. Él habló en contra de las novelas que estaban presentando (la tierra prometida y la historia de David). Yo no veo televisión pero cuando volví a casa, me dio mucha curiosidad la prédica del pastor. La abuelita estaba viendo sus novelas, así que yo decidí acompañarla.

Preciso, el episodio de ese día era el de Betsabé y David en pleno momento decisivo de si serían amantes o no. Mis hijos estaban presentes, mirando la televisión conmigo, si existe un detalle interesante de cómo la Biblia es la palabra de Dios, es el que te puede hablar a cualquier edad y de acuerdo a tu conocimiento o tu edad no te maltrata, pero no fue así en la telenovela.

Yo mire los detalles de lo que los editores de la telenovela le dieron al episodio y mostraron a su abuelo (el de Betsabé) en el palacio... y a la hija de Saúl, otra esposa de David, expiando... mostrando el tipo de peligro en el que esta mujer casada y ahora amante del Rey, se encontraba.

Te explico, cuando comencé a estudiar las virtudes del éxito de las que nos habla salomón en el capítulo 3, fui instruida por Dios a ir al capítulo 31 y encontrar allí las virtudes en esa mujer a la que llamamos Virtuosa. En todos mis años de estudio bíblico, es la primera vez que entiendo que hay la posibilidad que esta mujer de proverbios 31 es Betsabé.

Es hasta ahora que entiendo lo que Dios quería que enseñara por medio de este libro y el paralelismo entre el capítulo 3, del hombre más sabio de la tierra, y el capítulo 31 que fueron las enseñanzas de la mujer virtuosa y, posiblemente, su madre Betsabé.

Por primera vez me puedo ver como esa mujer virtuosa. Me siento súper identificada con Betsabé, una mujer que nació en una familia piadosa en la que conoció a Dios y sus leyes, una mujer escogida para algo especial (en el caso de ella, el linaje de Jesús; en el mío, dice la Biblia que soy linaje escogido), pero con una reputación de no haber hecho todo de manera ortodoxa. Se le llamó virtuosa, pero era muy humana al mismo tiempo.

El plan de Dios se realizó en su vida a pesar de sus difíciles y complicados comienzos.

Betsabé fue una fiel mujer hebrea que entendió lo que significaba recibir un sabio consejo y quien comprendía la vida del guerrero. Dios eligió legítimamente a Betsabé por las cualidades que deseaba en una mujer para que, como esposa de David por medio de su redención y como madre favorecida de su precioso hijo Salomón, estuviese en el linaje que traería al Mesías.

Betsabé y la bondad

Recordemos que el sabio Salomón nos habla de las dos virtudes más importantes para alcanzar el éxito: la lealtad y la bondad. Él lo menciona en el capítulo 3 y luego en el capítulo 31 cuando habla de la mujer virtuosa. Pensemos, ahora que sabemos que en Proverbios 31 se está hablando de Betsabé, entonces, la lealtad como virtud en la vida de esta mujer toma un significado más profundo.

Estudiando a fondo, esto nos indica que las virtudes se escogen, así como se escogen los accesorios para el cabello, las joyas que vamos a colocarnos, la mujer Betsabé aquí, ahora madre de Salomón es una reina, es una mujer de protocolo.

Salomón también recordó cómo Betsabé dedicó su vida a criarlo, especialmente como una mujer que temía al Señor. Reconoció cómo ella lo protegió asertivamente a él y su derecho al trono de Dios. Proverbios 31, escrito hacia el final de su vida, fue esencialmente el elogio final de Salomón a Betsabé.

Betsabé fue escogida por Dios como madre del futuro rey de Israel después de David y así cumplir con la profecía mesiánica, ¿cómo lo sé? Por que en Mateo capítulo 1, en la genealogía de Jesús aparece el nombre de Betsabé. Cuando Betsabé aparece en el mapa bíblico, David ya tenía 6 esposas y muchas otras concubinas. Sin embargo, Dios escogió a Salomón, hijo de Betsabé y no a los muchos otros hijos de David para traer el Mesías al mundo.

"David llamó a su hijo Salomón, pero la Biblia dice que "El SEÑOR amó al niño y mandó decir por medio del profeta Natán que deberían llamarlo Jedidías (que significa «amado del SEÑOR»)" 2 Samuel 12:24-25

1 Reyes 1:1-4 nos evidencia que existía por lo menos un hijo de David con derecho al trono. Este otro hijo de David intentó subir al trono por medio de manipulaciones, pero Betsabé y el mismo profeta Natán se aliaron para que el plan de Dios se cumpliera en la vida de Salomón y el pueblo de Israel. Salomón fue escogido como rey por su padre David mientras vivía y fue aceptado por todo el pueblo.

Salomón creció al lado de su madre y ascendió al trono muy joven. Cuando apenas tendría aproximadamente 20 años, su padre murió; sin embargo, él extendió su reinado de acuerdo con la promesa de Dios hecha a Abraham. Salomón adquirió riqueza y gran nombre. Un hombre único en su mando, poder, respeto, bienes, sabiduría, y quien además logró mantener la unidad y la paz en todo su reino. En los inicios de su mandato, antes que Salomón tomara a la hija de faraón de Egipto como esposa, Betsabé ya se sentaba a la diestra de su hijo.

Si leemos atentamente la historia de como ella ayuda a su hijo a no perder su vida y el trono a manos de Adonías, el otro hijo de David, cuando vemos como más tarde, le escucha luego a Adonías y presenta la petición a su hijo Salomón, nos damos cuenta que Betsabé mostró ser una mujer astuta, firme y bondadosa. Su hijo Salomón, se encarga de aclarar el perfil bíblico de Betsabé en su último capítulo de proverbios donde define muy claramente el carácter de su madre.

En el capítulo 3, Salomón habla de dos virtudes que además están muy presentes en el carácter de su madre, de acuerdo con su testimonio en el capítulo 31. Estas dos virtudes son las más importantes por eso dice "átalas a tu cuello, escríbelas en lo profundo de tu corazón". Aquí, el éxito es definido como: Tener el favor de Dios, así como el de la gente y una buena reputación.

La importancia de la bondad para tu éxito

Tus hechos bondadosos hablan de ti, son tus frutos. Nunca vimos a Betsabé en la Biblia salir a defender su honor, pero la vemos como una madre maravillosa que es exaltada por su bondad, recordada como una mujer buena: "recompénsenla por todo lo que ha hecho" termina el capítulo de la mujer virtuosa, **"y que sus propias obras la alaben en las puertas de la ciudad".**

Qué es escoger ser bondadosa o buena

Miremos el capítulo 31 de Proverbios y observemos que la mujer mencionada es una persona bondadosa.

Miremos las actividades y las actitudes que ella tiene al poner en práctica la bondad:

- Trata a la gente con amabilidad y generosidad.
- Ayuda a la gente que lo necesita.
- Es sensible a los sentimientos de la gente.
- Nunca es cruel o hiriente.
- Piensa cómo sus acciones afectan a los demás.

Recuerda, nos convertimos en mujeres bondadosas, cuando hacemos cosas buenas. A diferencia de la lealtad, la cual es una virtud del corazón que se manifiesta con el tiempo, la bondad es algo muy visible.

Cómo está tu corazón

La bondad se practica. Así que ahora es el momento para que practiquemos la bondad.

¿Qué cosas podrías hacer (o has hecho) que pudieran ayudar a alguien que lo necesite?

¿Qué crees que aprendiste a través de esta experiencia?

¿Cómo te sientes cuando la gente demuestra que de verdad se preocupa por ti?

¿Te consideras una persona bondadosa? ¿De qué maneras eres bondadoso?

Si alguien te diera US $20,000 dólares para gastártelo en ayudar a otras personas ¿Qué harías con el dinero y por qué? ¿Qué efecto positivo tendría en las personas que reciben tu ayuda?

Haz una lista de lo que significa para ti ser una persona bondadosa. Escribe ejemplos concretos. Si tienes un pizarrón, escribe allí las ideas del grupo en términos de que implica el ser y el no ser bondadoso.

Piensa en artículos de periódicos y revistas o las noticias de la televisión que describan situaciones en las que se muestren acciones bondadosas y no bondadosas de individuos, grupos o gobiernos. Analiza esas situaciones.

¿De qué forma es la bondad o la falta de ella demostrada? Una buena idea que puede surgir de aquí es el escribir una carta dirigida a la gente involucrada.

Averigüemos las actividades de servicio social en la comunidad que se llevan a cabo en tu ciudad, en las que te quieras involucrar. Escoge una actividad y decide cómo te vas a involucrar en ella.

VIRTUD 3: SABIDURÍA

Esta es la virtud que Salomón le pidió a Dios. Y si él pudiese estar aquí hoy, te diría que esta es la virtud con la que **puedes cambiar el rumbo a tu vida.**

Entendemos que Salomón aprendió mucho de lo que enseña en sus libros, de su padre y de su madre. De ellos aprendió la importancia de la sabiduría y es por esto que él nos aconseja en el capítulo 2:1: *"afina tus oídos a la sabiduría."*

"Sólo Dios puede hacerte sabio; solo Dios puede darte conocimiento." Proverbios 2:6

En el capítulo 3 de Proverbios, el texto que estamos estudiando, encontramos que la tercera virtud que sale a relucir es la sabiduría, cuando Salomón dice: "no te apoyes en tu propia prudencia" y "no te dejes impresionar por tu propia sabiduría".

La tercera virtud que lleva al éxito es el buscar la sabiduría que proviene de Dios.

En la intercesión de no apoyarnos de nuestra propia prudencia y el dejarnos impresionar con nuestra propia sabiduría, está el consejo salomónico de invitar a Dios que nos guíe en todo lo que realizamos. En este momento hablaremos y nos concentraremos en la sabiduría.

"No te apoyes en tu propia prudencia.
Reconócelo en todos tus caminos,
Y él enderezará tus veredas.
No seas sabio en tu propia opinión".

Cuando hablamos de sabiduría, muchos se preguntan porque la describo como una virtud. La mayoría de nosotros que vivimos en sociedades occidentales, podríamos pensar en la sabiduría como algo teórico. Sin embargo, para la cultura hebrea, la sabiduría es considerada una virtud intelectual que es poderosamente práctica, no teórica.

Fundamentalmente, la sabiduría es la virtud de constituir el plan correcto para llegar a los resultados esperados. Mientras que la fidelidad y la bondad nos ganan una buena reputación, la sabiduría nos da la habilidad de llegar a una fórmula para alcanzar el éxito. La sabiduría comienza en el corazón, con el temor a Dios, ya que la sabiduría mueve el péndulo al tomar decisiones intelectuales y morales teniendo como base el conocimiento de lo que agrada y desagrada a Dios.

Es importante recalcar que Salomón más de una vez en su libro de proverbios nos asegura que "El principio de la Sabiduría es el temor a Jehová".

Nosotros podemos hablar de las virtudes del éxito o de hábitos, pero si no involucramos a Dios, solo tenemos dos opciones: uno, sentirnos incapaces de lograr el verdadero éxito, debido a la culpa, indignos debido a que conocemos que no somos tan leales o tan buenos o tan sabios. O dos, dejar que nuestro orgullo diga que no necesitamos todo esto porque tenemos nuestra propia opinión... decimos que "sabemos cómo se le saca el agua al coco" y nos creemos astutos...

Es por esto que la sabiduría de la que habla Salomón aquí es la que nos lleva como primera transformación del individuo a Temer a Dios... la verdadera sabiduría nos señala a Dios y su señorío. Y de allí, con temor, debido a lo que sabemos quién es él, tomamos nuestras decisiones.

La traducción de Reina Valera nos revela que tal vez ya todos tomamos caminos antes de buscar la voluntad de Dios y es por eso que nos dice "él enderezará nuestras veredas". Qué gran promesa es saber que aunque hayamos comenzado mal o hayamos estado trabajando -tal vez muy fuera de lo que fuimos creados para ser y hacer- Dios, en cualquier momento que comencemos a buscar su voluntad, él comenzará también a enderezar nuestros pasos.

"No te apoyes en tu propia prudencia. **Reconócelo en todos tus caminos, Y él enderezará tus veredas.** No seas sabio en tu propia opinión."

Esto significa que en el momento que tú buscas su voluntad, es como si colocaras en el GPS de tu vida tu nuevo destino, y como un eterno GPS, Dios te mostrará el camino.

Si comenzamos a desviarnos, Él señor hará que ese GPS se ajuste mientras nosotros caminamos, esto es, mientras no desistamos, podemos confiar que si decidimos Buscar su voluntad el siempre hará el resto: nos mostrará el camino que tomar.

El camino que tomamos para emprender un nuevo negocio es vital para su éxito. Una de las funciones de la sabiduría es percibir las verdades máximas, lo que nosotros los ingenieros llamamos axiomas, aquella verdad que no necesita probarse y en la cual basamos el resto de nuestro emprendimiento, a través de los cuales se logra el conocer el carácter de Dios y sus propósitos en nuestra vida.

En el capítulo 3 de proverbios encontramos:

3 ideas importantes referentes a la sabiduría:

1. La sabiduría hace que busquemos la voluntad de Dios. Nos hace entender que apartados de la voluntad de Dios podremos lograr metas personales, pero que ese no es el éxito real. El éxito está en obtener metas para las cuales fuiste originalmente creado por Dios para alcanzar. La sabiduría hace que busquemos su dirección.

2. La sabiduría nos hace cautelosos de nosotros mismos, de nuestra propia prudencia, nos insta a buscar a Dios y a no dejarnos llevar solo por algo que parece una buena idea a desarrollar, un negocio que emprender, o una relación que mantener. La sabiduría tiene en cuenta la ética de la estrategia a utilizar y las capacidades o conocimiento de oficios requeridos para emprender.

3. La sabiduría de Dios nos indica la estrategia y crea un camino particular para el propósito único de nuestras vidas. La sabiduría de Dios nos inspira a idearnos planes sagaces, refinados y ventajosos.

La mujer virtuosa y la sabiduría

La mujer de Proverbios 31 dice que adicionalmente a ser fiel y bondadosa, es una mujer sabia:

"*Abre su boca con sabiduría,
Y la ley de clemencia está en su lengua.
Considera los caminos de su casa,
Y no come el pan de balde.*"

Esta mujer virtuosa, cuando habla, sus palabras son sabias, da órdenes sabias y las da con bondad. Para poder dar estas órdenes sabias, ella está atenta a todo lo que ocurre en su hogar y, por lo tanto, no sufre las consecuencias de la pereza.

La pereza es una gran debilidad, es no levantarse a hacer lo que hay que hacer para que las cosas funcionen bien. Muchas veces la pereza de no levantarse a averiguar lo que está sucediendo en casa lleva a las personas a meter la cabeza en el piso para no tener que ver la realidad de las finanzas o el desorden de la comida. Así como también puede que nos impida averiguar la situación emocional o espiritual de nuestros hijos y esposos. Actuar de esta manera nos lleva al fracaso en el hogar.

La sabiduría es interesarse de todo lo que ocurre cuando colocamos nuestro destino en las manos de Dios.

Nuestra propia prudencia en cambio nos podría llevar a:

- En la familia, podríamos utilizar métodos culturales para educar a nuestros hijos que pueden llevar a maltratarlos o malcriarlos en lugar de educarlos e instruirlos. ¿Cuántos han escuchado a algunas madres preguntarles todos los días a sus hijos?:

"¿Qué quieres comer?", pues, ¿qué crees? Si el hijo contesta "pizza", ella no va a ponerse a amasar y a hornear al masa de la pizza. ¿Me explico? Muchas se esconden detrás del concepto cultural que dice que hay que darle libertad a los hijos para no cocinar y comprar pizza ya preparada, lo cual no alimenta. Esto sucede también en las escuelas.

- En la relación con el cónyuge podríamos tratar de manipular para conseguir lo que queremos o subyugar al cónyuge, en lugar de comunicar y sentarnos a planificar y decidir juntos.

- En el gobierno y los negocios, igual; el usar nuestra propia prudencia puede llevarnos a no actuar y a no tener en cuenta la lealtad y la bondad, sino reemplazarlos con el despotismo y autoritarismo. De allí hemos visto salir líderes como Fidel Castro y todos los que siguen su manera de pensar, o leyes que están creadas para "resolver" las consecuencias de nuestras debilidades.

Acción

Mi consejo es que tomemos acción. En casa puedes comenzar a orar para pedirle a Dios que te muestre la condición de cada aspecto y cada integrante del mismo. Esto puede incluir tener reuniones semanales familiares en las que puedan decidir qué pueden hacer juntos para favorecer cada área del hogar. En términos de la vida individual, las palabras de Salomón referente a la virtud de la sabiduría como motor de éxito en la vida, nos desafían a:

- Buscarle el rumbo a nuestra vida en el propósito de Dios y su voluntad. Si en este momento tomamos esa decisión, y es algo que nunca habíamos hecho antes. Esta decisión inevitablemente cambiará el rumbo a tu vida.

- Discernir el camino estratégico para lograrlo, esto es la estrategia que Dios va a utilizar para dirigirnos por el camino por el cual andar.

- Tomar el camino que discernimos. Dios nos está colocando para llegar al destino que él se propuso cuando nos creó.

Si así lo hacemos, experimentaremos que los desafíos serán solo para entrenarnos, los obstáculos tendrán que hacerse a un lado para dejar pasarnos porque sabemos para dónde vamos con certeza, y quién es el que dirige nuestros pasos.

Miremos estos versos del capítulo 3 de Proverbios dedicados a enumerar los beneficios de la sabiduría y resaltemos cada uno de ellos:

"Bienaventurado el hombre que halla la sabiduría,
Y que obtiene la inteligencia;
Porque su ganancia es mejor que la ganancia de la plata,
Y sus frutos más que el oro fino.
Más preciosa es que las piedras preciosas;
Y todo lo que puedes desear, no se puede comparar a ella.
Largura de días está en su mano derecha;
En su izquierda, riquezas y honra.
Sus caminos son caminos deleitosos,
Y todas sus veredas paz.
Ella es árbol de vida a los que de ella echan mano,
Y bienaventurados son los que la retienen.
Jehová con sabiduría fundó la tierra;
Afirmó los cielos con inteligencia.
Con su ciencia los abismos fueron divididos,
Y destilan rocío los cielos."

Beneficios de la sabiduría

Este versículo nos lleva a la conclusión de que mantener la virtud de la sabiduría trae maravillosos y numerosos beneficios:

• Las ganancias al aplicar la virtud de la sabiduría a nuestra vida o a nuestros proyectos son mejores que los logros obtenidos por las acciones individuales.

• El fruto del esfuerzo es valiosísimo, precioso y fino. Es más allá de lo que uno se pueda imaginar.

• La sabiduría aplicada trae largura de días, riquezas y honra.

• El paso a paso de la existencia o la vida de un proyecto llevado en sabiduría, es agradable y placentero.

• El camino de la sabiduría trae paz.

• La sabiduría es árbol de vida a los que de ella echan mano.

• Mantener la virtud de la sabiduría te hará dichoso y feliz.

Los elementos vitales de la sabiduría

Vemos al final de estos versos que Dios utilizó la sabiduría para fundar la Tierra y el universo. En el proceso que utiliza Salomón para explicar cómo Dios utilizó la sabiduría, él menciona varios aspectos de la misma: inteligencia, ciencia y planificación.

Un proyecto bien llevado, requiere de estos 3 elementos:

1. **Habilidad:** Requerimos del conocimiento intelectual y el talento lo cual es parte de la inteligencia.

2. **Ciencia :** Esto es todo proyecto requiere de un conocimiento especial de cómo funcionan los elementos involucrados, por ejemplo la cultura, la física o la política. Si deseamos hacer uso de las fuerzas químicas o físicas, debemos aprender los principios que las rigen. Si deseamos hacer uso de la fuerza de la sabiduría de Dios para utilizarla en nuestro emprendimiento debemos aprender sus principios.

3. **Planificación:** Por último, un proyecto también requiere un plan. Una vez que sabemos el proyecto que vamos a emprender, requerimos saber cuáles son los cimientos, y luego cuando agregar cada elemento necesario para ver terminado nuestro sueño.

Plan de acción

Escribe en una libreta o un documento en tu computadora, la visión que Dios te ha dado concerniente al destino que el preparó de antemano para ti.

1. Coloca tu visión o sueño en un lugar visible.
2. Comienza a pensar qué metas intermedias se necesitan alcanzar para lograr ese sueño de Dios para ti.
3. Por cada meta intermedia, escribe qué pasos puedes tomar.
4. Decide qué estrategias utilizarás para aquellos pasos que debes tomar, incluso si no sabes cómo hacerlo para lograr con éxito tu sueño.

Obras pequeñas hacen realidad grandes ideas

Todos tenemos la capacidad de soñar en grande. Cuando queremos terminar un proyecto de gran magnitud, como la terminación de un libro, por ejemplo, nos ayudaría mucho tener una fotografía mental del producto terminado a la vista y muy bien detallado. Esto es lo que le proporciono a mis clientes de Güipil Press cuando se inscriben a mi academia Escribe y Publica o deciden publicar su libro con la ayuda de nuestra editorial.

Pequeños esfuerzos terminan tareas grandes

Todo proyecto se define por las tareas más minúsculas. Mantener una gran visión, debe venir acompañado de alcanzar las tareas pequeñas necesarias diariamente para su exitosa culminación. Recordemos la frase memorable que nos dice que: *"La repetición de pequeños esfuerzos logrará más que el uso ocasional de grandes talentos." (Charles H. Spurgeon)*

Esto se hace cierto en los negocios, proyectos personales y todas las áreas importantes de nuestra vida. La sabiduría tiene en cuenta los detalles pequeños y finos que nos llevan a un alto rendimiento. Veamos algunos ejemplos de cuando las cosas pequeñas son esenciales para hacer realidad las grandes ideas:

- **Finanzas**: Pequeñas cantidades de dinero que guardamos diariamente nos ayudan a pagar grandes deudas.

- **Relaciones:** Pequeñas muestras de amor en el matrimonio dicen los estudios, hacen milagros cuando son hechas por 21 días seguidos.

- **Proyectos:** Una hoja escrita todos los días por 1 año puede hacer que terminemos una novela de 365 páginas.

- **Negocios:** Colocar atención a los detalles pequeños nos puede llevar a tener una ventaja competitiva sobre otros que prestan el mismo servicio.

- **Vida personal:** Prestar atención a las pequeñas victorias todos los días nos hace sentirnos bien, saborear el éxito y tener una mejor idea a como realmente definimos internamente nuestro éxito.

- **Salud:** Lo que comemos a diario, la cuenta de las calorías nos lleva a perder o a ganar peso a largo plazo.

- **Nuestra actitud:** Las Sagradas Escrituras dicen que son las pequeñas zorras las que dañan los grandes viñedos. Por lo general, los expertos interpretan que estas "zorras" son las pequeñas malas actitudes y aun lo que nosotros lamamos pecados pequeños. Piénsalo, una zorra en un viñedo sea grande o pequeña, es una zorra y las zorras van los viñedos a comerse las uvas.

Así que, ten cuidado. No es el tamaño de la acción la que determina tu éxito, sino la esencia de este y la frecuencia con la que lo haces.

La verdadera sabiduría procede de Dios

"Si ustedes son sabios y entienden los caminos de Dios, demuéstrenlo viviendo una vida honesta y haciendo buenas acciones con la humildad que proviene de la sabiduría; la sabiduría que proviene del cielo es, ante todo, pura y también ama la paz; siempre es amable y dispuesta a ceder ante los demás. Está llena de compasión y del fruto de buenas acciones. No muestra favoritismo y siempre es sincera." Santiago 3: 13, 17 (NTV)

La mujer virtuosa y la sabiduría

Proverbios 31 nos dice que: *"Cuando ella habla sus palabras son sabias y da órdenes con bondad"*

Nuestras palabras tienen poder. Hablar con sabiduría es sembrar para el futuro, es evitar problemas, pero es también crear atmósferas, relaciones que sean terreno fértil para la abundancia de buen fruto.

¿Qué es hablar con sabiduría?

- Utilizar las palabras para traer alivio en lugar de herir. Proverbios 12: 18 nos dice: "Algunas personas hacen comentarios hirientes, pero las palabras del sabio traen alivio."

- Utilizar las palabras con la intención de producir. Muchos beneficios: Proverbios 12: 14 nos dice: Las palabras sabias producen muchos beneficios, y el arduo trabajo trae recompensas.

- Responder con calma: "Un necio se enoja enseguida, pero una persona sabia mantiene la calma cuando la insultan" Proverbios 12: 16 (NTV)

Cómo está tu corazón

Ahora quiero animarte a que leas detenidamente el capítulo 12 de Proverbios. Utilizando ese texto, busquemos lo que Salomón nos señala sobre cómo utilizar la boca con sabiduría. Examina tu corazón y decide cambiar tus palabras en alguno de los aspectos de los que ese capítulo nos indica al respecto.

VIRTUD 4: DISCERNIMIENTO

La necesidad de la virtud de sabiduría en nuestras vidas nos lleva inevitablemente a desarrollar discernimiento.

En el capítulo 3 de proverbios escuchamos las palabras de Salomón amonestarnos a no dejarnos llevar por nuestra propia prudencia y buscar la guía de Dios en todos los asuntos referentes a nuestra vida. Para esto necesitamos discernimiento. El sabio salomón nos insta a buscar el discernimiento y nos dice los beneficios de aferrarnos al sentido común y el discernimiento:

"Hijo mío, no pierdas de vista el sentido común ni el discernimiento. Aférrate a ellos, porque refrescarán tu alma; son como las joyas de un collar. Te mantienen seguro en tu camino, y tus pies no tropezarán. Puedes irte a dormir sin miedo; te acostarás y dormirás profundamente. No hay por qué temer la calamidad repentina ni la destrucción que viene sobre los perversos, porque el Señor es tu seguridad. Él cuidará que tu pie no caiga en una trampa".

Es increíble ver cómo las personas piensan que el discernimiento se debe utilizar para conocer quiénes son los demás y discernir si son sinceras en sus aparentes acciones. Si bien esto es importante, una mejor utilidad de este don es el de discernir lo que Dios está haciendo en nuestras vidas y las señales que él nos ha dejado en el camino que hemos de seguir.

Todo el capítulo 8 de Proverbios nos habla de ello. Así que nos queda de tarea estudiar ese capítulo y encontrar como Dios nos va dejando señales en el camino. A mis hijos les he enseñado como las señales dicen que Dios tiene propósitos para ellos como hermanos.

Ellos fueron adoptados al mismo tiempo y se convirtieron en hermanos un 14 de junio. Se miraron por primera vez y un niño de dos años, europeo y rubio, se hizo hermano de una niña euroasiática de un año. Su manera de interactuar, desde ese día hasta hoy, nos deja saber que fueron escogidos para cuidarse el uno al otro, para entenderse, y por lo cual son muy buenos amigos.

En nuestras vidas, podemos mirar por señales en nuestros talentos, habilidades, y situaciones especiales que hemos vivido.

El discernimiento nos mantiene seguros

Isaías 30:20b-21 (NTV), dice: "Él seguirá contigo a fin de enseñarte; verás a tu maestro con tus propios ojos. Tus oídos lo escucharán. Detrás de ti, una voz dirá: «Este es el camino por el que debes ir», ya sea a la derecha o a la izquierda."

¡Imagínate que enorme promesa! Tener al mismo señor de maestro y señalando el camino seguro. Discernir su voz es definitivo para tu éxito personal. Desgraciamos nuestras vidas cuando hay obstáculos para poder escuchar el camino. Caminamos seguros cuando podemos escuchar detrás de nosotros la voz que no titubea, señalándote el camino que tomar.

Discerniendo mediante la paz

Te has preguntado alguna vez: ¿realmente estoy escuchando a Dios? Las Sagradas Escrituras nos revelan que cuando Dios habla, nos da una profunda paz interna para confirmar lo que estamos escuchando. Incluso cuando él habla para corregirnos, no nos sentimos condenados. Su Espíritu de verdad deja una sensación tranquilizadora de consuelo en nuestras almas.

Sin embargo, cuando el enemigo nos habla o cuando tratamos de resolver las cosas con nuestro propio razonamiento, no estaremos en paz.

Muchas veces no discernimos la voz de Dios porque estamos ensordecidos por medio de nuestros parámetros culturales y nuestra propia manera de pensar. Cuando actuamos y no tenemos paz, es normalmente un indicador de no haber discernido la voz de Dios.

¡Ah, si solo hubieras hecho caso a mis mandatos! Entonces habrías tenido una paz que correría como un río manso y una justicia que pasaría sobre ti como las olas del mar.
Isaías 48: 18 (NTV)

Aliarnos con Jesús

"Mis ovejas oyen mi voz; yo las conozco y ellas me siguen" Juan 10:27 (RVR60). Recordemos el contexto de este versículo, en el verso 10 del mismo capítulo, Jesús dice cuál es su propósito en nuestras vidas: Darnos una vida plena y abundante.

Sin embargo, antes de esta frase, Jesús nos asegura que tenemos un enemigo que también llega a nuestra vida con un propósito bien definido: matar, robar y destruir. Si escuchamos la voz del enemigo en lugar de discernir la voz de Dios, nos encontraremos ayudando al enemigo a cumplir con su propósito. Por tal motivo debemos aliarnos con Jesús y que su propósito se cumpla implica poder oír su voz y seguirla.

Es lo mismo que nos asegura el rey Salomón, él nos dice que el discernimiento nos refrescará el alma.

Cuando sabemos que es Dios quien nos está hablando, lo sabemos a ciencia cierta porque refresca nuestra alma. La voluntad de Dios para nuestras vidas es siempre de bienestar, y su propósito es que podamos vivir la vida que él preparó de antemano para nosotros.

El líder y el discernimiento

Cuando discernimos el propósito de Dios para nuestras vidas es como cuando un árbol se da cuenta que tipo de frutos fue creado para dar.

Imagínate que exista un árbol de olivo que no sepa que fue creado para producir el mejor aceite y comienza a mirar al viñedo y decida sentirse envidioso o tratar de quitarle el lugar a la vid y olvidar su razón de existir.

De eso están hechas las películas de niños, por ejemplo la historia del conejo de pascua que no quería ser coronado conejo de pascua y se escapó de su mundo para perseguir su sueño de ser músico. Mientras en su reino, habían unos pollos que trabajaban para los conejos, y el líder de ellos se levantó uno que quería el lugar del rey conejo de pascua. Es muy divertido ver la película porque todo es al mismo tiempo ilógico y muy cotidiano.

En Jueces 9 encontramos una interesante parábola sobre lo dañino que es tener hambre de poder sin discernir la voluntad de Dios en nuestras vidas y no tomar el lugar que él nos ha seleccionado. La parábola de Jotam es también una profecía. Sucedió que uno de los hijos de Gedeón, cuyo nombre significa "mi padre es rey", estaba enloquecido por gobernar como rey. Él era uno de los 70 hijos Gedeón.

A Gedeón se le ofreció en vida ser rey de Israel, pero el decidió en contra de esta posición porque conocía la manera en que Dios veía la monarquía: una manera de gobernar que puede llevar al abuso mediante el control absoluto de las personas. Pero después de su muerte, este hijo suyo Abimelec decidió hacerse rey y mediante manipulaciones, con la ayuda del pueblo de su madre y estrategias bien pensadas, lo logró.

Una vez que logró su victoria, decidió matar a la competencia. Casi con sus propias manos asesinó a 69 de sus hermanos y solo quedó Jotam con vida, el cual logró escapar. Jotam profetizó la destrucción de Abimelec, no sin antes dejarnos una gran lección de liderazgo en esta parábola:

"Cierta vez los árboles decidieron elegir un rey.
  Primero le dijeron al olivo:
  "¡Reina sobre nosotros!".
Pero el olivo se negó diciendo:
  "¿Dejaría yo de producir el aceite de oliva que bendice a Dios y a la gente, solo para mecerme por encima de los árboles?".
»Entonces le dijeron a la higuera:
  "¡Reina sobre nosotros!".
Pero la higuera también se negó diciendo:
  "¿Dejaría yo de producir mi dulce fruto, solo para mecerme por encima de los árboles?".
Entonces le dijeron a la vid:
  "¡Reina sobre nosotros!".
Pero la vid también se negó diciendo:
  "¿Dejaría yo de producir el vino que alegra a Dios y a la gente, solo para mecerme por encima de los árboles?".
Finalmente todos los árboles le dijeron al espino:
  "¡Reina sobre nosotros!".
Y el espino les respondió a los árboles:
  "Si realmente quieren que yo sea su rey, vengan a refugiarse bajo mi sombra. Si no, que salga fuego de mí y consuma los cedros del Líbano". Jueces 9:10-15 (NTV)

Notemos tres cosas importantes referentes a los árboles de esta parábola que, a diferencia del espino, producían su propio fruto:

1. Los árboles que daban fruto estaban muy ocupados en sus labores como para desear producir el fruto ajeno.

2. Los árboles que daban frutos conocían el valor y el correcto uso de su fruto.

3. Los árboles que daban fruto sabían que su fruto tenía también un uso santo que glorifica a Dios.

A diferencia de estos árboles, el espin,o que no tenía nada que ofrecer, se inventó un beneficio propio. "Yo doy sombra", dijo. Esto no es real, el espino no daba sombra, era un engaño. El espino estaba utilizando su ambición de poder y su vanidad como motores tóxicos, pero efectivos. Su estrategia fue darse aires de grandeza, gobernar con insolencia al punto de destruir primero a los otros árboles que tenían mejor fruto que ofrecer. Los árboles que daban buen fruto estaban tan ocupados en cumplir sus obligaciones y vivir su propósito que no se dieron cuenta que al dejar que el espino gobernara el campo, él los gobernaría a ellos.

Proverbios 12:12 (NTV) nos dice: "Cada ladrón envidia el botín del otro, pero los justos están bien arraigados y dan su propio fruto".

Esta es una expresión clara del porqué es importante tener el discernimiento de nuestro llamado. Sino lo hacemos, estaremos robando algo y envidiando lo que el otro consiguió. Debemos aspirar a ser como el justo que está bien arraigado en sus raíces, sabe cuál es su rol, produce su propio fruto y no necesita robar.

Cuando el líder no sabe para qué fue creado, no entiende cuáles son los frutos que da su árbol según el diseño de Dios, comienza a inventar, envidiar o usurpar el lugar de líder. Se convierte en verdugo.

El error de no asumir nuestra responsabilidad en el rol asignado, sucede en los hogares cuando la mujer toma el papel del hombre o él le "cede" por conveniencia sus funciones a su mujer. Allí vienen la división en la familia y en la comunidad. Las disfunciones de este tipo, en las que cedemos liderazgo porque es más cómodo, nos hacen mediocres.

El discernimiento y la crianza de nuestros hijos

Creo que si queremos ser madres que toman en serio su posición divina en nuestra generación, haremos a otros muy incómodos. Porque discernir la maldad no es solo identificar quién es malo o quién tiene malas intenciones, sino que también es distinguir lo malo en lo cómodo y familiar y utilizar la sabiduría para dejar algo: un grupo de amigos tóxicos o salir de una zona de confort para tomar en serio nuestro llamado como madres.

Somos llamadas a un nivel superior de vida que nace de nuestro sentido de responsabilidad. Cuando traemos a Dios a nuestra vida diaria, el irrumpe nuestras disfunciones para dirigir nuestras vidas incluyendo nuestro rol de madre. Si sentimos que algo no está bien para nuestros hijos, en términos de lo que los alimentamos, los dispositivos móviles, electrónicos, amistades, lo que se permite y lo que no se permite hasta el cómo voy a enseñarles de Dios y a guiarlos a tener una relación genuina con él. Para esto debemos dejar las excusas.

El discernimiento nos da dirección

La mujer virtuosa de Proverbios 31 discierne la voluntad de Dios para su vida en el día a día y decide las tareas para bendición de su casa. Ella se levanta temprano, antes del amanecer, para preparar el desayuno para su casa y planificar el trabajo del día para sus sirvientas. En el área de los negocios, ella utiliza el discernimiento para saber en qué invertir su dinero y su esfuerzo.

Dice el sabio Salomón que ella va a inspeccionar un campo, lo cual quiere decir que lo piensa, lo mira bien, decide si es lo que necesita y quiere y luego lo compra; debido a que discierne bien una buena oportunidad de negocio, ella recibe ganancias y antes de recibir las ganancias ella ya discernió el plan de qué hacer con esas ganancias, el Sabio continuó diciendo, ella con sus ganancias, planta un viñedo.

Ella planta el viñedo, trabaja duro y no solo desea o espera pero se asegura de que sus negocios sean rentables. Cuando estamos seguros que hemos discernido el camino que Dios ha preparado para nosotros, debemos trabajar duro y mantenernos vigilantes hasta asegurarnos que tenemos la rentabilidad prometida por Dios y que merecen nuestros esfuerzos.

Podemos colocar nuestra esperanza en que Dios coronará de éxitos nuestros esfuerzos si permitimos que sea él quien nos guíe.

Tomemos acción:

Las cualidades de carácter de las que hemos hablado y que Salomón nos enseña, son las mismas que Dios valora. Estas virtudes toman tiempo para desarrollarse.

El discernimiento es una virtud que es difícil saber si la tenemos o no, e igualmente es complicado tener un plan de acción para alcanzarla. La virtud del discernimiento se cultiva saturando el corazón y la mente con las Sagradas Escrituras; es por ello que debemos conocerlas. La Biblia es valiosa y útil, no para ayudarnos a demostrar lo muy espiritual o filósofos que somos, sino para darnos el discernimiento en cada situación:

"Toda la Escritura es inspirada por Dios y es útil para enseñarnos lo que es verdad y para hacernos ver lo que está mal en nuestra vida. Nos corrige cuando estamos equivocados y nos enseña a hacer lo correcto. Dios la usa para preparar y capacitar a su pueblo para que haga toda buena obra".
2 Timoteo 3:16-17 (NTV)

El Señor Dios del universo quiere compartir su pensamiento con nosotros a través de su Palabra. ¿Qué podría ser más importante o valioso en la vida que tener la capacidad de conocer la mente de Dios?

Nuestras vidas están llenas de situaciones que requieren discernimiento. A veces podemos estar tan ocupados tratando de determinar la voluntad y la dirección de Dios para nuestro siguiente paso, que no escuchamos su voz. Sin embargo, si queremos tener discernimiento, debemos aceptar la invitación de Dios.

Él nos llama a venir y pasar un momento tranquilo y sin prisas, absorbiendo la verdad de Su Palabra y escuchándolo.

En las religiones orientales, la palabra 'meditación' significa llenar el alma al vaciarnos. Esto es algo como no pensar en nada para poder escuchar nuestros verdaderos deseos. La meditación para nosotros los cristianos es llenar nuestros pensamientos con la verdad de Dios por medio de su Palabra y permitirle que transforme nuestra mente y corazón, a fin de que afecte todo lo que hacemos.

Meditemos en la Palabra de Dios

Las Escrituras nos abren los ojos para ver todas nuestras experiencias desde la perspectiva de Dios y así podemos tomar decisiones.

Como paso de acción para esta virtud, les recomiendo que hagamos una prioridad el pasar tiempo con el Señor en su Palabra. Es posible que tengamos que reorganizar nuestro horario. Pero vale la pena el esfuerzo: el discernimiento y la sabiduría nos esperan si ponemos en práctica las verdades que absorbemos a diario.

Cómo está tu corazón

¿Cuánto tiempo pasas es meditación de la Palabra de Dios?

¿Conoces lo que tiene que decir Dios respecto a los roles que tienes en la vida diaria?

¿Haz discernido el propósito de Dios para tu vida?.

VIRTUD 5: GENEROSIDAD

La generosidad acaba con el fracaso porque ataca directamente la avaricia y la codicia, los cuales son los peores enemigos del éxito. Proverbios 1: nos dice: *"Tales son las sendas de todo el que es dado a la codicia, La cual quita la vida de sus poseedores."*

En contraste, estamos llamados a vivir como representantes de Dios, siendo sus hijos y poseyendo su Espíritu. Si vivimos de acuerdo a la naturaleza de Dios, debemos recordar que él es amor. El amor responde a las necesidades de los demás, y aunque vivimos en un mundo que nos conduce al egoísmo, no podemos ir por el camino del ego.

Cuanto más egocéntricos nos convertimos, menos poder tenemos para hacer el bien y ayudar a los demás. Nosotros mismos nos atamos las manos.

De acuerdo a la ley de la reciprocidad, solo recibimos lo que damos; cuando somos codiciosos y no compartimos, o estamos solo dañando nuestro futuro financiero con el hecho de que no recibiremos compensaciones materiales, estamos sembrando desamor y eso es lo que recogeremos.

La buena noticia es que tenemos todo lo que necesitamos para superar nuestra tendencia egoísta. ¡Tenemos al Espíritu Santo, quien es el amor de Dios en nuestros corazones!

Él no está en nosotros solo para realizar grandes actos sobrenaturales, sino también, y primeramente, para mostrar el amor de Dios de manera sobrenatural. Es decir, lo natural es el egoísmo, lo sobrenatural es la generosidad.

Dediquémonos a entender el amor de Dios por nosotros, y pidámosle que nos conceda amar a los demás con ese mismo amor.

Proverbios 3: 27 nos exhorta a dar cuando tenemos la posibilidad de hacerlo:

"No te niegues a hacer el bien a quien es debido,
Cuando tuvieres poder para hacerlo.
No digas a tu prójimo: Anda, y vuelve,
Y mañana te daré,
Cuando tienes contigo qué darle".

Creo que si conocemos la historia de Salomón, considerado el hombre más sabio y más rico del mundo, no podríamos tener una imagen de él diciendo:

"el dinero no compra la felicidad" en realidad, su libro nos dice que: la manera sabia de manejar el dinero nos puede traer mucha felicidad en nuestras relaciones con Dios, con nuestro prójimo y todos en la comunidad.

CNN publicó un interesante artículo sobre lo que le sucede a las personas cuando ganan la lotería. Resulta que la gente piensa que cuando ganen la lotería sus vidas serán increíbles que cambiarán para bien y serán felices por el resto de la vida.

Sin embargo, este artículo nos muestra el cómo sus vidas se arruinan. Lo que realmente sucede cuando las personas se ganan la lotería es que:

- Gastan todo el dinero y se endeudan.
- Todos sus amigos y todos los que alguna vez los conocieron los encuentran y los molestan por dinero.

De hecho, arruinan sus relaciones sociales. Entonces quedan con más deudas y peores amistades de las que tenían antes de ganar la lotería.

Es importante que entendamos cuál es nuestra relación con el dinero. Esto nos ayudará a mantener las cosas en equilibrio y a colocar la prioridad a cada área de nuestra vida.

Hace poco escuché una entrevista a Bill Gates y su esposa en la que confirman que no dejarán el 100% de su fortuna a sus hijos. Esto es porque no quieren arruinar sus vidas. Una herencia es como una lotería si es extrema.

Tengamos siempre presentes estas actitudes referentes al dinero:

- Nuestra búsqueda insana de dinero puede arruinar nuestras relaciones aunque nunca nos hayamos ganado la lotería. Así que, mantengamos el equilibrio y no permitamos que el anhelo por más dinero tome completo control y arruine tus más preciadas relaciones.

- El dinero no es malo, esta creencia se debe a una mala interpretación de la frase "el amor al dinero es la raíz de todo mal". Sin embargo, allí no dice que el dinero es malo. Claro, el dinero puede destruir relaciones, pero también puede usarse para bendecir a muchas personas, para aliviar el sufrimiento de otros y para alcanzar nuestros sueños.

- A fin de que mantener una relación sana y equilibrada con el dinero, tenemos que aprender a respetarlo. Realmente no podemos esperar recibir más dinero si no estamos dispuestos a respetarlo. Todos esperamos algún día disfrutar de un maravilloso patrimonio financiero, pero tenemos que aprender a cuidar lo que tenemos hoy. No lo malgastemos. El poseer dinero nos exige responsabilidad para administrarlo.

- **Disfrutemos de lo que tenemos,** pero cuidando siempre de las actitudes del corazón y cómo nos relacionamos y percibimos a los demás con referencia al dinero. Sé generoso y mantente listo para compartir con otras personas.

- **Las personas que son ricas** o están en posiciones de autoridad sobre los demás, a veces enfrentan la tentación de usar su poder de manera que los hace sentirse más importantes que los demás.

- **Los líderes son en realidad servidores** de aquellos sobre quienes tienen autoridad. Esto incluye el ser mayordomos de las finanzas que se les ha entregado en el servicio de a quienes lideran. Por ejemplo, un padre de familia y su hogar.

- **Una vez que hayamos obtenido abundancia,** recordemos que la razón principal de la prosperidad es para ser bendecidos y ser de bendición en la comunidad que vivimos. Al hombre verdaderamente próspero no necesita recordársele de este principio.

La clave del éxito es tener una actitud que nos recuerda que tenemos un rol importante que ejercer en la vida en cuanto a la mayordomía financiera. Esto nos coloca en el lugar indicado cuando tiene que ver con nuestras decisiones

Si entendemos que somos mayordomos, entonces veremos la importancia de desarrollar virtudes como la perseverancia, la disciplina para manejarlo, al igual que la caridad, la compasión y el sacrificio para compartirlo.

Es por esto que pienso que el dinero es una herramienta de entrenamiento para el desarrollo del carácter ya que donde está nuestro tesoro, allí colocaremos nuestro corazón y dinero.

El objetivo de la mayordomía es mucho más que pagar las deudas o responsabilidades mensuales. El objetivo es la preparación para vivir a plenitud aun después de alcanzar nuestros más anhelados sueños, aun después que ya no estemos presentes en esta tierra.

Hay dos pruebas en la vida que todos debemos pasar con buenas notas cuando se trata de finanzas: cómo actuamos cuando no tenemos dinero, y cómo actuamos cuando lo tenemos en abundancia. En ambas situaciones debemos preguntarnos: "*¿Estoy siendo un buen mayordomo de lo que Dios confió en mis manos?*"

Respondamos esta pregunta usando sabiduría. La sabiduría te mostrará los lugares donde necesitas usar tu dinero de acuerdo a la circunstancia que estés viviendo.

Eres mayordomo o esclavo de tu dinero

Lo más importante que he aprendido en mi vida referente al dinero es que tenemos una responsabilidad con todo lo que poseemos y que por cada posesión, tenemos un trabajo que hacer. Debemos permanecer vigilantes porque al final somos solo mayordomos de lo que tenemos mientras vivimos. Recuerda, a la hora de irnos de este mundo, nadie se lleva algo material, pero todos dejamos "algo" que otras manos continuarán manejando.

Honrar a Dios nos recuerda nuestra posición de mayordomos

El rey Salomón nos asegura que la ley de reciprocidad aquí funciona a perfección. Una vez que honremos a Dios con nuestros bienes, él llenará nuestros graneros con abundancia. Ahora, debemos entender qué es honrar a Dios con nuestros bienes. Es priorizar lo que él coloca en primer lugar y poner nuestros bienes al servicio de aquello que es importante para Dios.

"Honra a Jehová con tus bienes, y con las primicias de todos tus frutos; y serán llenos tus graneros con abundancia, y tus lagares rebosarán de mosto." Proverbios 3:9-10 (NTV)

Este versículo nos dice que cuando damos a Dios, a su obra, a su servicio y entendemos que dar es la única condición que hay para recibir, entonces estamos posicionándonos para recibir de Dios en abundancia. Con él, rebosaremos de bendiciones más allá de las materiales y viviremos colmados de todo lo bueno que Dios nos puede dar.

El principio de dar y Proverbios 31

La mujer de Proverbios 31, la madre del rey Lemuel, y posiblemente la madre de Salomón, conocía el poder del dar. Es definitivo que ella le inculcó a su hijo la importancia de dar con generosidad.

El capítulo 31 nos habla con ejemplos de la generosidad de esta mujer virtuosa, y todo libro de Proverbios, escrito por el rey Salomón, nos recalca los múltiples beneficios que ganamos al ser generosos.

El último capítulo de Proverbios nos muestra a una mujer bondadosa con su dinero y generosa. Adicionalmente de asegurarse de que sus negocios sean rentables, ella:

- Extiende sus manos para ayudar a los pobres y
- Abre sus brazos a los necesitados.

Esta es la manera que ella honra a Dios con sus bienes.

Beneficios de la generosidad

- La mejor manera de ser felices en esta vida es siendo de bendición para otros. Soy más feliz cuando doy, ya sea con mi dinero, mi tiempo, energía u otros recursos, y cuando estoy ayudando a satisfacer las necesidades de los demás.

- Este principio de la generosidad es una parte vital de cómo manejar nuestras finanzas en nuestro hogar. Para algunos, a menudo no tiene sentido, pero lo he experimentado una y otra vez: cuanto más das (sabiamente), más bendecido te sientes. No esperes tener un millón de dólares en tus ahorros para comenzar a dar. Demasiadas personas me han hablado de sus grandes deseos de ayudar una vez que ellos sean millonarios. Eso es dejar la generosidad para el futuro cuando podrían estar disfrutándolo hoy. Todos podemos dar de acuerdo a lo que tenemos. El dar nos provee un sentimiento de abundancia.

- Ser generosos nos ayuda en nuestras relaciones con los demás, a la vez que inspira o anima a los otros a también ser generosos.

- La Biblia dice que el don de dar es un don ilimitado, es decir, que no acaba y sigue funcionando. Un acto de generosidad crea toda una serie de eventos positivos en la vida de muchos y crea círculos de bendición... El que da está honrando a Dios porque tal vez puede estar respondiendo a una necesidad que Dios quiere suplir.

Siendo dadivoso estás siendo usado por el Señor para bendecir. Si la otra persona ha estado pidiéndole a Dios por esa necesidad, cuando tú satisfagas esa necesidad, la persona agradecerá y dará gloria a Dios y orará por quien lo ha bendecido.

Es increíble lo que podemos desencadenar con el simple acto de dar.

Qué dijo Jesús acerca de dar

Jesús dijo: "da y también a ti te será dado..." Dar es una instrucción de Dios; sin embargo, cuando vemos el resultado que trae, nos damos cuenta que realmente es una invitación a recibir mucho más y a vivir en abundancia. No obstante, nuestra motivación no debe ser dar para después recibir, sino dar porque nuestro corazón tiene a Dios como primero y no al dinero.

Jesús dice: *"Den, y recibirán. Lo que den a otros les será devuelto por completo: apretado, sacudido para que haya lugar para más, desbordante y derramado sobre el regazo. La cantidad que den determinará la cantidad que recibirán a cambio" Lucas 6: 38 (NTV)*

Cuando nuestro corazón está sano, dar no solo se convierte en un mandamiento y una invitación, sino también una promesa de Jesús.

Una palabra de precaución

Esto es lo que sucede, muchas veces el enemigo utiliza aún los principios bíblicos eternos para tergiversarlos y hacernos sentir culpables...

Muchos cuando están pasando dificultades financieras tiene la tendencia a sentirse culpables, es más aún no hablan con sus amigos que podrían ayudarle acerca del tema porque temen ser juzgados: si fueses generoso no te estaría pasando esto. *Salomón nos dice:* el que cierra el oído al clamor del pobre, dios no lo oirá en su momento de dificultad.

Entonces, La realidad del principio es otra, lo que nos enseña principio de dar en generosidad es esto: "Da al que te pide, no te hagas sordo al clamor del que necesita".

Si tu algún día estás en necesidad y has sido generoso, puedes orar a Dios y decirle: "Señor, ten misericordia de mí y auxíliame, envíame ayuda así como yo lo he sido a otros en su momento de necesidad. Pero si no lo haces, sé que quieres enseñarme algo que me servirá para impulsarme para el futuro que tienes preparado para mí. Tu voluntad es buena, es agradable, es perfecta."

Hace poco experimenté esto muy profundamente

Nos mudamos de Miami a Virginia en el comienzo del invierno. Estábamos en nuestra casa, felices, pero sabíamos que pronto se avecinarían las nevadas y nosotros no conocíamos a nadie en ese estado. Íbamos a pasar las navidades encerrados en un apartamento sin conocer a los vecinos y con miedo de usar nuestro carro para salir a lugares que nunca habíamos transitado.

Oré a Dios y le dije: "Señor, en el pasado, cuando las personas han necesitado un lugar para pasar la Navidad, tú me has utilizado para bendecirlos. Ahora te pido que ayudes a nuestra familia a pasar la Navidad juntos y en compañía de amigos."

Dos contestó mis oraciones con mucho más de lo que yo le pedí... fuimos invitados y recibidos en New York por 4 familias para la navidad. Estrechamos nuevos lazos de amistad.

La generosidad y los Proverbios

Salomón habla mucho sobre los beneficios que Dios tiene preparados para la persona generosa. Aquí tenemos un ejemplo de ellos:

Proverbios 19:17 nos habla de este principio así: "Si ayudas al pobre, le prestas al Señor, ¡y él te lo pagará!" El que nos paga es Dios, no la persona a quien le damos. Es por esto que nuestra esperanza en momentos difíciles debe estar en Dios.

Dios promete prosperidad al que tiene un corazón con actitud generosa. *"El generoso prosperará, y el que reanima a otros será reanimado."* Proverbios 11: 24 (NTV)

El que es generoso con el pobre es bendecido por Dios. *"Benditos son los generosos, porque alimentan a los pobres. Proverbios 22: 9 (NTV).*

Cuando estudiamos las bendiciones que Dios nos trae cuando somos generosos con los necesitados, nos motiva a orar para que él nos abra los ojos y nos muestre quiénes están en necesidad, de manera que podamos ser bendición para ellos. Lo que Dios promete es incomparable a cualquier cosa que podamos proveernos a nosotros mismos. Dios nos ofrece su bendición y su gracia.

La generosidad y la ciencia

Los estudios sugieren que más dinero puede llevar a un aumento significativo en sentirnos de manera positiva hacia la vida, pero solo cuando este aumento de dinero, saca a las personas de la pobreza, pero cuando la persona ya se encuentran en un nivel donde sus necesidades básicas están

están satisfechas, el obtener más dinero, simplemente eleva su nivel de felicidad muy poco y solo hay un pequeño cambio de actitud que no perdura. Y aunque la adquisición de posesiones materiales puede ofrecer un levantamiento temporal de sentimientos positivos, los efectos de un nuevo reloj, automóvil o vestido, según muestran los estudios, casi siempre son de corta duración.

Pero existe otra nueva investigación de Harvard implica que la felicidad se puede encontrar gastando dinero en otros.

Michael Norton, profesor de administración de empresas en la unidad de marketing de Harvard Business School (HBS), realizó una serie de estudios con sus colegas Elizabeth Dunn y Lara Aknin en la Universidad de British Columbia (UBC). Juntos mostraron que las personas son más felices cuando gastan dinero en otros en comparación que cuando lo gastan en ellos mismos. Los resultados fueron publicados en la revista *Science*.

"Este estudio abordó una paradoja de la que los economistas han hablado durante mucho tiempo: que los aumentos en los ingresos no tienden a generar grandes aumentos en la felicidad", dijo Norton. "La gente compra casas cada vez más grandes, pero no parecen estar mucho más felices que antes".

Esto va acorde con la decisión de Bill Gates de dar el 95% de su dinero a trabajos de filantropía, y ahora invita a otros billonarios hacer lo mismo.

"Es lo más satisfactorio que hemos hecho, y no puedes llevarlo contigo, y si no es bueno para dejárselo a tus hijos, reunámonos y hagamos una lluvia de ideas sobre lo que podemos hacer.

El mundo es un lugar mucho mejor debido a los filántropos del pasado, y la tradición de EE. UU. Aquí, que es la más fuerte, es la envidia del mundo. Y parte de la razón por la que soy tan optimista es porque creo que la filantropía va a crecer y tomar algunas de estas cosas que el gobierno no solo es bueno trabajando y descubriendo y haciendo brillar la luz en la dirección correcta."

Una palabra para los ricos

El apóstol Pablo tiene estas directrices **para las personas que son consideradas ricas** debido a la multitud de bienes materiales, en 1 Timoteo 3: 18, él dice:

"Diles que usen su dinero para hacer el bien.
Deberían ser ricos en buenas acciones,
Generosos con los que pasan necesidad
Y estar siempre dispuestos a compartir con otros."

El pasaje completo dice así:

"**Enséñales a los ricos de este mundo** que no sean orgullosos ni que confíen en su dinero, el cual es tan inestable. Deberían depositar su confianza en Dios, quien nos da en abundancia todo lo que necesitamos para que lo disfrutemos. Diles que usen su dinero para hacer el bien. **Deberían ser ricos en buenas acciones,** generosos con los que pasan necesidad y estar siempre dispuestos a compartir con otros. De esa manera, al hacer esto, acumularán su tesoro como un buen fundamento para el futuro, a fin de poder experimentar lo que es la vida verdadera."

Cómo está tu corazón

¿Alguna vez has soñado con ganarte la lotería? Si es así, ¿qué cosas piensas que harías con el dinero y cómo crees que esto afectaría a tu felicidad?

¿Qué sucedería si nunca te hicieras millonario ni te ganaras la lotería?

¿Qué cosas puedes hacer aún hoy antes de llegar a ese sueño?

¿Puedes aún ser generoso?

Menciona las maneras en las que una persona que no es rica puede ser generosa con los demás.

VIRTUD 6: HUMILDAD

"Ciertamente él escarnecerá a los escarnecedores, Y a los humildes dará gracia" Proverbios 3: 34 (NTV).

"El más importante entre ustedes debe ser el sirviente de los demás; pero aquellos que se exaltan a sí mismos serán humillados, y los que se humillan a sí mismos serán exaltados" Mateo 23: 11-12 (NTV).

En los Proverbios, Salomón nos habla sobre qué es ser humildes, cuáles son los beneficios de la humildad y cuáles son los peligros de no poseer esta virtud. A lo largo del libro de Proverbios, el rey Salomón explica claramente las diferencias de las consecuencias de actuar en humildad y actuar en el orgullo. La virtud de la humildad nos ayuda en nuestra relación con Dios, con las personas y las finanzas.

"Los ojos arrogantes, el corazón orgulloso, y las malas acciones, son pecado." Proverbios 21: 4 (NTV).

En este pasaje, Salomón coloca las malas acciones en la misma categoría que la arrogancia y el orgullo, todos son pecado. El problema con el pecado es que la Biblia nos enseña que la paga es la muerte. Muchos de nosotros podríamos colocar el orgullo y la arrogancia como malas actitudes, malas costumbres, malos hábitos aprendidos, pero Salomón lo dice bien claro: son pecado. Cada vez que somos orgullosos, arrogantes y altivos, estamos aportando a la muerte de algo bueno en nuestras vidas.

El paralelismo del versículo 4 del capítulo 21 y el versículo 4 del capítulo 22, nos deja saber lo importante que es el concepto de humildad para Salomón, cuando dice así:

"La verdadera humildad y el temor del Señor conducen a riquezas, a honor y a una larga vida."

Esto es, la humildad y la sabiduría son el secreto para obtener lo mejor que podemos adquirir en esta tierra: riquezas, honor y larga vida.

Como ya estudiamos la sabiduría, me gustaría que ampliáramos nuestra visión respecto al concepto de lo que es la humildad y responder a la pregunta: "¿Cómo podemos ser humildes y qué podemos hacer para no ser orgullosos ni pagar el precio de sus consecuencias?"

Las consecuencias de la falta de humildad

Sin humildad, el corazón nos lleva al orgullo. El orgullo tiene muchas consecuencias: el de creernos y vernos superiores a los otros y a buscar honores al respecto. Salomón dice: Comer mucha miel no es bueno, Ni el buscar la propia gloria es gloria. Proverbios 25: 27 (RV60)

El orgullo puede llevarnos a la vergüenza o deshonra

"El orgullo lleva a la deshonra, pero con la humildad viene la sabiduría." Proverbios 11:2 (NTV). El orgullo aquí es el rehusarse a someterse a los caminos de Dios y su Palabra.

Si no nos sometemos en medio de los problemas y cometemos grandes errores, entonces vendrá la vergüenza. Si la persona llena de orgullo NO quiere confesar, esto es, aceptar su error, entonces es igual a NO aceptar la gracia de Dios. No querer reconocer el error puede mantenernos en un estado de orgullo continuo.

El peligro de la falta de humildad y el premio de la humildad

Proverbios 18:12, dice: "La arrogancia va delante de la destrucción; la humildad precede al honor." (NTV). "Cuando viene la soberbia, viene también la deshonra; Más con los humildes está la sabiduría." (RVR1960)

Cuando llega la deshonra, debemos recordar las palabras de Santiago 4:10 (NTV): "Humíllense delante del Señor, y él los levantará con honor."

Lo que no es la humildad

Humildad es tener una buena visión de quiénes somos, no más de lo que somos, ni menos. Humildad no es timidez. La timidez puede ser una consecuencia de tener altos niveles de vergüenza, ya sea porque nos avergonzamos de quienes somos, o de lo que hemos llegado a ser. Esto último es también llamado condenación. La vergüenza paraliza, se interpone entre tú y tu destino.

La timidez puede ser una manifestación del orgullo cuando esta se produce por estar centrados en nosotros mismos. La timidez puede ser una manera de protegernos de la vergüenza o cualquier otra disfunción que sufrimos. Es bueno que dejemos claro que no estamos hablando de los temperamentos introvertido o extrovertido; esto es diferente a ser tímidos.

Cuando estamos en posiciones de liderazgo tenemos que estar alerta porque el ego, la agresión y la avaricia están a la puerta de quien deja que su corazón sea guiado por el orgullo. La humildad los espanta.

La virtud más difícil de mantener para un líder es la humildad, a menos que practique en el agradecimiento. Esta es la siguiente virtud de la que vamos a hablar.

Algo más que puede hacer un líder para mantenerse en humildad es entender que la posición de liderazgo es una posición de servicio y no de tirano.

Estas son algunas pautas para no sucumbir en la arrogancia cuando lideramos:

- Cuando la arrogancia intenta vendernos el mensaje de "yo estoy en control y puedo hacer lo que yo quiera", la humildad nos recuerda que no estamos en control, simplemente tenemos un cargo de liderazgo para asegurarnos que las cosas marchen bien y de acuerdo a reglas que están por encima de nosotros mismos.

- La vida del líder es para invertirla en servicio de aquellos a quienes se lideran. Lo aprendemos de Moisés y Jesús en la Biblia. Jesús sabía que como líder, el servicio es lo que cuenta y después de eso, es tener claro cuál es el propósito de ese servicio, el beneficio de su liderazgo y quiénes son las personas a las que vino a servir. Esto lo notamos en sus palabras cuando Jesús dijo "no he venido para ser servido sino para servir... y poner mi vida en rescate por muchos."

- Escuchar a los que lideramos y aceptar sus ideas, consejos y críticas nos ayudará a mantenernos humildes y podremos escapar de la terrible y vergonzosa deshonra en la que han caído muchos presidentes en los últimos tiempos. Cuando alguien es arrogante, muestra también su ignorancia. Los orgullosos piensan que no necesitan de nadie.

- Cuidado con permitirle a las personas que sirves a colocarte en la posición de dios sobre sus vidas. No eres Dios y creo que todos estamos de acuerdo en que les fallarás si ellos insisten en verte de esta manera.

- No le pidas a las personas a quienes sirves que se comporten o actúen de una manera que tú no estás dispuesto a sostener en tu propia vida. Esto es un error en el que los padres caemos cuando le pedimos a nuestros hijos hacer algo que nosotros mismos no ponemos en práctica.

- La humildad produce más credibilidad. La humildad nos lleva a confesarle a nuestros hijos el hecho de que no somos perfectos, pero nos da la potestad de dirigirles a los estándares de excelencia de la Palabra de Dios porque esa es nuestra responsabilidad y llamado.

- Cuando Jesús hablaba de cómo él veía a los líderes de su época, decía de ellos: "no sigan su ejemplo. Pues ellos no hacen lo que enseñan. Aplastan a la gente bajo el peso de exigencias religiosas insoportables y jamás mueven un dedo para aligerar la carga. Todo lo que hacen es para aparentar." Mateo 23:3-4.

El mismo Jesús que nos comisiona a hacer el bien a los demás al decir: "cuando lo hiciste por estos más pequeños a mí lo hiciste", es el mismo que nos dice que la ley se resume así: "ama a tu prójimo como a ti mismo".

La humildad de la mujer de Proverbios 31

Ella está atenta a lo que sucede en su hogar. Ella es una mujer líder. Pero esta clase de liderazgo de servicio la hace humilde. Yo lo veo en cada cosa que ella hace. La manera que interactúa con sus criadas, su familia, su negocio, pero quiero recalcar dos más:

- Ella no sufre las consecuencias de la pereza. No es una mujer que sabiendo su posición se va a dormir, sino que humildemente la asume. Hace todo lo que debe hacer y no se esconde detrás de su estatus de mujer adinerada.

- Ella no se refugia en la vanagloria de la belleza. Es obvio que Betsabé era muy bella. Sin embargo, dice la Biblia que ella entiende que "vana es la belleza y la hermosura y que si de algo hay que alabarla es que es una mujer que teme a Dios."

Cómo sentir la emoción positiva del orgullo sin llegar a ser orgullosos

Debemos mostrar aprecio por nosotros mismos. Esto quiere decir no menospreciarnos y disfrutar de la emoción positiva de sentirnos orgullosos por nuestros logros, sin caer en la falta de humildad.

- "No te compares con otros y mucho menos con los malos que les va bien." (Proverbios 3:31) No envidies a los violentos que no ofrecen su amistad a los justos. Recuerda de mirar lo bueno en ti y si los demás hacen el mal, déjalos, ellos recibirán su recompensa.

- "Los sabios heredarán honra." Recuerda los momentos en los que hiciste algo bien hecho, actuaste sabiamente y recuerda que Dios es el que nos recompensa. Puedes sentirte bien y apreciarte porque Dios te aprecia.

- Mantenerte con amigos y actividades sanas que te hagan sentir bien y que te ayuden a crecer en algún área de tu vida.

- Cuando falles, no te maltrates a ti mismo, simplemente arrepiéntete y cambia de camino. Recuerda qué aprendiste de la situación y utiliza tu experiencia para llegar a tu sueño con mayor humildad.

- Identifica lo que haces bien y celebra tus éxitos. Experimenta la emoción positiva del orgullo del éxito de tu emprendimiento, sin perder la humildad.

Cómo está tu corazón

¿Tiene que ver la humildad con la condición monetaria de una persona?

¿Por qué crees que a las personas pobres les ponen el título de "condición humilde?

Lee "El pobre ruega misericordia; el rico responde con insultos". Proverbios 18: 23 (NTV) y contesta: ¿crees tú que es más difícil ser humilde cuando tenemos más? ¿Ya sea dinero, fama o poder?

¿Entiendes la diferencia del orgullo como emoción positiva comparada con la actitud de arrogancia a la que también llamamos orgullo? ¿De qué te sientes orgullosa?

VIRTUD 7: FE

Salomón nos invita a confiar en Dios. El resultado de no apoyarnos en nuestro propio entendimiento, buscar su voluntad y confiar en Dios, será el encontrar cuál camino tomar. El consejo salomónico nos lleva a invitar a Dios a que nos guíe en todo lo que realizamos.

Confía en el Señor con todo tu corazón; no dependas de tu propio entendimiento. Busca su voluntad en todo lo que hagas, y él te mostrará cuál camino tomar.

En el mundo en que vivimos, debido a las redes sociales y el internet, se hace más fácil todo, y se han abierto las oportunidades a muchas personas para crear su propia plataforma desde donde lanzar su mensaje y ser escuchados.

En el área de los negocios, por ejemplo, pareciera que aparecen todo tipo de oportunidades y los llamados *coach* nos muestran estrategias de negocios y de vida.

Estoy muy de acuerdo con tener asesores. Yo misma he sido consultora de sistemas para organizaciones, y en mi propio negocio de asesoría literaria entiendo que debo entregarle a mis clientes la mejor estrategia que resultará en el éxito de su proyecto.

Sin embargo, la persona que desea el éxito en Dios, debe buscar su voluntad para la vida... Todos nacimos con propósito y somos únicos, y cuando estemos seguros que entendemos su voluntad para nuestras vidas, debemos entonces estar con nuestros oídos despiertos y ojos abiertos porque Dios mismo nos mostrará qué camino tomar.

La mujer virtuosa y su confianza en Dios

Una de las virtudes de la mujer virtuosa es su fe en Dios, ella confía en Dios de tal manera que no tiene temor del futuro.

Está vestida de fortaleza y dignidad, y se ríe sin temor al futuro. Proverbios 31: 25 (NTV)

Puede encarar cualquier circunstancia que se avecine porque tiene su confianza en Dios.

Sabemos que el gozo del Señor es nuestra fortaleza. Así que esta mujer virtuosa se ríe porque tiene gozo y confianza en su futuro porque sabe que Dios está a cargo. Ella se ríe con gozo porque sabe que podrá afrontar con dignidad cualquier estación de la vida o cualquier huracán, pues su fe está en el Todopoderoso y amoroso Dios.

¿En quién haz tu colocado tu confianza?

¿Cómo sería el el versículo si estuviesen hablando de nuestras vidas?

Imagínate cómo sería la descripción de esta misma mujer si ella no tuviera confianza en Dios: "Ella se viste de ansiedades y preocupaciones, cada vez que comete un error se siente indignada y avergonzada y mira con mucho temor al futuro".

Cada día me convenzo más que Proverbios 31 describe a Betsabé. Toda la vida pensé que se referían a una mujer perfecta, un ser imposible o un modelo de mujer a la que debemos aspirar. Pero mirando más profundamente, esta mujer podría ser el resultado de haber cometido un gran error en la vida, haber vivido momentos amargos de valiosas pérdidas en lo concerniente al honor propio y como madre y mujer.

Sin embargo, ella le entregó a Dios los pedazos de su vida después de ver que él no la había dejado en la injuria, sino que la salvó de las consecuencias de lo que su pecado significó en su cultura. Dios no solo la libró, sino que la restauró y la exaltó al lugar de honor. Solo una mujer así podría decir que confía ciegamente en su Dios al punto de reírse del porvenir.

Aumentando nuestra confianza en Dios

Tal vez te preguntes, ¿puedo yo hacer algo práctico para aumentar mi confianza en Dios? o ¿debería ya acostumbrarme a ser ansiosa y tomarlo como que es parte de mi personalidad?

Creo que hay cosas prácticas que podemos hacer:

Aumentar la fe

La fe es la certeza de lo que se espera, la convicción de lo que no se ve. Solo podemos tener esa fe si en el que confiamos es Dios. En él es que podemos confiar nuestras vidas y nuestros sueños. La fe viene por el oír la Palabra de Dios, es por ello que es la mejor manera de aumentar nuestra confianza en Dios. Cada día debemos leer la Biblia, meditar en ella, creerla, memorizarla y recordarla en los momentos apropiados.

Transformar nuestra mente

Aunque podríamos adquirir otras virtudes mediante ciertos hábitos, recordemos también que los hábitos pueden convertirse en un peso difícil de soportar. Tampoco es fácil tener el hábito de confiar en Dios, pese a que siempre podríamos tener la intención de hacerlo. Estas buenas intenciones no tendrán tanto efecto a menos que vengan de un corazón y mente sana.

Nuestros pensamientos son los que determinarán cómo nos sentimos: deprimidas, pesimistas, desesperadas, ansiosas.

Una mente sana es la que decide someter los pensamientos a la verdad de Dios y se niega a permanecer meditando en ideas ajenas a los pensamientos de Dios.

Para tener la mente sana debemos desechar el resentimiento, la amargura, la falta de perdón y cualquier otra maleza que quiera tomar control de nuestro corazón. La transformación de nuestra mente es necesaria y esto también se logra por medio de la toma de decisiones basadas en lo que leemos y ponemos en práctica de la Biblia.

Practicar el agradecimiento

Se hace más fácil confiar en Dios cuando somos agradecidos porque el agradecer es recordar lo bueno que hemos vivido y reconocer lo bueno que tenemos al experimentarlo a conciencia hoy.

El agradecimiento es una virtud, pero a su vez es una emoción positiva que ataca el desánimo.

Los que están familiarizados con mis mensajes bandera, saben que enseño que en lugar de concentrarnos en las miles de cosas por hacer, debemos comenzar con agradecer por lo que tenemos hoy y contar nuestras victorias pasadas. Escríbelas en un papel y agradece.

Cuando estés desanimada, realiza una de las actividades de esta lista:

- Escribe una lista de tus victorias y agradece a Dios por ellas.

- Da gracias. No solo siéntete agradecido, sino que seas agradecido. Agradece diciendo gracias y de muchas maneras por un bien que hayas recibido.

- Mira la belleza a tu alrededor y da gracias por las estaciones de tu vida y en el año. Abre tus ojos y mira lo bello que cada estación del año nos trae y agradece.

- Habla con personas ancianas, escucha sus historias y las de sus antepasados. Escucha cómo vivían en otras épocas y abre tu corazón a todos los regalos que tienes hoy y agradece: por el agua potable, la electricidad, la educación. Abre tu corazón y busca las bendiciones a tu alrededor.

- Expresar gratitud es una parte vital de la práctica de una vida agradecida. Comunicarse con otros y expresarlo, sí importa. Haz feliz a alguien en este día. Conectarte y agradecer va a ser la diferencia, por tu bien y el beneficio de los demás.

Lo más importante sobre practicar el agradecimiento es que te hace dejar de preocuparte y utilizar tu mente en buscar algo bueno por lo cual agradecer. El simple hecho de detener los malos pensamientos ya es bueno para ti. Meditar en lo que decidiste agradecer te ayudará a confiar en Dios, en creer y entender que cosas buenas han estado en tu vida, y que con la ayuda de Dios, cosas aun más maravillosas acontecerán en tu futuro, no solo por ti sino a través de ti. De esta manera crearás experiencias que merecen ser agradecidas por otros.

Si estás agradecida, no sientes temor, y si estás agradecida, no te sientes en necesidad. Si estás agradecida será más fácil respetar, confiar y temer solo a Dios.

La mujer de Proverbios 31 y el agradecimiento

Creo que Betsabé vivía agradecida por el regalo de tener a su hijo Salomón. La vida de su hijo significaba favor de Dios, restauración y liberación. También llegó a significar honra y mucha satisfacción. Sin embargo, ella ella era una mujer virtuosa en su propia vida. Su única virtud y regalo no fue su hijo, sino la vida que escogió vivir después de tenerlo.

¿Cómo vivir como ella, igualmente agradecidos? Cada momento que vivimos es un regalo y lo más valioso que tenemos. Por lo tanto, la oportunidad de disfrutarlo es una dádiva en sí misma. Si este instante es difícil, podrá ser recordado como preciado si decidimos bien de ahora en adelante, aun si estamos en la mitad de una dificultad, problema o situación complicada como la que vivió Betsabé en sus años de juventud.

La mujer de Proverbios 31 se ríe del porvenir porque confía en Dios, el Dios que la restauró y la coronó como reina. Pero ella misma es causa del agradecimiento de sus hijos y esposo. Dice la Biblia que ellos se levantan, la alaban y agradecen su existencia.

Cómo está tu Corazón

Me pregunto si ya estás lista para comenzar a realizar pequeños cambios que crean movimientos positivos que perduran:

- Escribe 3 cosas por las que estar agradecidos. Escríbelas en tu agenda de bienestar. Describe cómo estas cosas por las que estas muy agradecida y que te ayudan a aumentar tu confianza en Dios.

- Decide hacer una actividad física que no sea solo para hacer ejercicio y bajar de peso, pero para estar en silencio, como salir a caminar a un hermoso lugar. Decide ahora el momento que lo harás y cómo te conectarás con Dios.

- Ora por lo que te preocupa, pero también presenta tus sueños y pídele a Dios que los dirija.

- Realiza actos de bondad a conciencia, asegurándote de que alguien pueda sentirse agradecido por tu vida y tu actitud bondadosa y la diferencia que estos actos han creado para ellos.

Confiando en Dios...
porque podemos

Vemos tantas injusticias en el mundo entero y ahora con la facilidad de la tecnología y medios sociales, las noticias se esparcen con calidad de detalles. Vivimos en un mundo que sufre por razones políticas, pobreza, desastres naturales y cada vez existen más y más refugiados.

¿Por qué hay tanto sufrimiento?

Es posible que nunca sepamos a ciencia cierta la respuesta a esta pregunta. Adicionalmente, nuestras agitadas vidas, aunque vivamos en condiciones consistentes y de alguna manera segura, pueden ser atropelladas por una circunstancia negativa que puede cambiar el rumbo de nuestra anticipada trayectoria.

Al haber sido jefa de proyectos de informática, sé que parte de la respuesta positiva a estas circunstancias negativas inesperadas es mantenernos con la mirada en la meta que nos habíamos colocado. Si no podemos continuar, debemos planificar para que lo que hemos construido no se derrumbe. Pero igualmente, debemos recordar que no todo está bajo nuestro control.

Cuando lo inesperado llega, no debemos permitir que las preguntas sin respuesta de la vida nos lleven a la confusión, la frustración y la desesperación. Más bien debemos esforzarnos por desarrollar una seguridad firme en la bondad de Dios.

En estos momentos estoy desarrollando los temas de los grupos para mujeres "Mujer Virtuosa" y en realidad, estoy siendo inspirada por Dios para enseñar sobre las virtudes que nos hacen valiosas.

He tenido dudas al saber si Dios quiere que los grupos de mujeres se llamen "Mujer Virtuosa" o "Mujer Valiosa". Estamos motivando a las mujeres para que siembren en sus vidas las virtudes que las convierten en personas altamente valiosas. **Estas virtudes son: fidelidad, bondad y sabiduría.**

La premisa es algo que he aprendido en mi estudio profundo de los escritos del sabio Salomón, quien nos enseña en el capítulo 3 de Proverbios, que Si nosotros somos vistos en nuestro trabajo, emprendimiento, relaciones con amigos, esposos, comunidad como personas que cultivan la bondad, fidelidad y la sabiduría, gozaremos de buena reputación y seremos considerados valiosos Dios y para ellos.

¿Por qué te menciono esto? Simplemente porque cuando estamos pasando por momentos difíciles o estamos frente a la pregunta "¿por qué suceden cosas malas en este mundo?", debemos recordar que nuestro Dios no cultiva estas virtudes, sino que él es la plenitud de ellas. Dios es siempre fiel, siempre bueno y siempre sabio.

¡Esto que te estoy compartiendo, debemos saberlo, recordarlo, tenerlo en cuenta siempre, porque nos permite enfrentar nuestro propio sufrimiento personal y el de otros en todo el mundo con la perspectiva correcta!.

Una oportunidad de brindar consuelo a alguien más

En momentos de sufrimiento, no te preguntes por qué Dios permite esto o aquello; en cambio, confía en su fidelidad, bondad y sabiduría y búscalo. Y si estás sufriendo, pregúntate:

¿Alguna vez has conocido a alguien que convirtió su dolor y sufrimiento en una oportunidad para brindar consuelo a los demás?

¡Piénsalo! En nuestra casa editorial Güipil Press, ayudamos a las personas a escribir, publicar y vender sus libros. En estos momentos tenemos 4 autoras que decidieron escribir un libro como mecanismo de brindar consuelo y aplicaciones prácticas para personas que estén pasando por situaciones difíciles que ellas mismas han experimentado en el pasado.

¿Puedes pensar en alguien? Entonces, si estás pasando por un momento difícil, confíale a Dios tu dolor y permítele que él pueda utilizarlo como una oportunidad de brindar consuelo a alguien más. Hace poco estaba sintiéndome un poco pesimista pensando en lo difícil que es hacer nuevos amigos cuando te mudas de lugar.

El año pasado mudamos a nuestra familia desde el sur de la Florida, donde el sol brilla todos los días del año y en donde viví por 20 años, a otro estado frío y al cual llegamos en pleno invierno. Han sido solo seis meses y no hemos hecho muchos amigos. Mi corazón estaba a punto de resentirse cuando Dios me permitió tener una hermosa experiencia.

Caminando a la oficina del conjunto residencial donde vivimos, una de las personas que trabajan en la oficina le decía en voz muy alta a alguien que llegó a buscar apartamento, que no calificaba para vivir allí.

- "Lo siento, usted no califica para vivir aquí. No tiene forma de probar cómo va a pagar la renta y así no podemos darle un lugar para vivir"

Yo mire hacia la conversación y vi a una mujer de nacionalidad extranjera sin palabras sentada, pensando qué más podría decir para convencer de contrario… pero se quedó callada. Yo sentí tan profundamente su dolor que supe que no era yo la que sufría por ella, sentí el impulso divino de buscarla. La seguí afuera y me presenté.

No pensé que quisiera hablar con nadie, pero ella se detuvo a hablar conmigo. Me contó que está separada de su esposo, que está viviendo sola con cuatro niños pequeños, todos menores de 7 años y que además era una mujer profesional.

Le dije lo mismo que te digo a ti: que Dios es bueno, fiel, muy sabio y que cuida de sus hijos. No se me ocurría nada, así que la invité a la iglesia, y al ver que estaba dispuesta a escuchar de Jesús, le pregunté si quería que orara por ella.

- ¡Si por favor! Me dijo sin vacilar. Yo la abrace y oramos al Padre celestial. Aún siento ganas de llorar cuando recuerdo sus ojos llenos de lágrimas, ojos grandes con un velo en su cabeza y muchos sueños en su alma. Haber pasado por un divorcio, me ha hecho sensible pero también tengo los ojos abiertos a lo que su situación constituye.

Una oportunidad de ayudar

¿Conoces a alguien que está sufriendo y tienes la oportunidad de ayudar? Recuerda que tenemos un Dios bueno, fiel y sabio, pero a él le encanta usar nuestras manos y nuestros pies para traer su reino y su justicia a este mundo.

Cuando sufrimos debemos mantener una actitud positiva, porque al igual que el apóstol Pablo, yo considero (desde el punto de vista de la fe) que los sufrimientos de la vida presente no son dignos de ser comparados con la gloria que está a punto de revelarnos el Señor a nosotros y en nosotros! Eso lo podemos leer en Romanos 8:18 y podemos declararlo en forma de "afirmación divina".

¡Pase lo que pase, podemos confiar en que Dios nos ayudará a pasar de la oscuridad a un nuevo día!

Aprendamos cómo podemos hacer la diferencia en la vida de otros mientras llega también la respuesta completa de lo que estamos esperando.

"Puedes decidir alegrarte por lo que tienes, en lugar de llorar por lo que parece injusto en tu vida. No dejes que algo que no entiendes te ciegue de tal manera que no puedas ver la bondad de Dios".

Cuando leemos Salmo 31 podríamos relacionarnos en cierto nivel con lo que David estaba pasando en ese momento: se sentía solo, atemorizado y en una situación injusta donde estaba siendo el objeto de rumores. Pero en un momento, él dice: "El pecado me dejó sin fuerza". Muchos de nuestros sufrimientos pueden ser la causa de nuestro propio pecado.

Sin embargo, vemos que David nunca pierde su confianza en Dios:

"Pero yo confío en ti, oh Señor; digo: «¡Tú eres mi Dios!». Mi futuro está en tus manos."

Podemos confiar en la misericordia, amor y bondad de Dios

¿Qué hay de este Salmo que te inspira?

"Qué grande es la bondad que has reservado para los que te temen. La derramas en abundancia sobre los que acuden a ti en busca de protección, y los bendices ante la mirada del mundo." Salmos 31: 19 (NTV)

Quiero animarte a convertir estos versículos en afirmaciones divinas. Esta es la mejor manera que conozco de permanecer Siempre Positiva.

El plan divino

No quiero terminar sin antes decirte que Dios me pidió que escribiera mis experiencias con él para que lleguen a ser ejemplo, motivación y ayuda para las mujeres que las leen. En este libro, no solo te doy una opinión más sobre la vida, sino que te ofrezco las historias de mis vivencias con Dios a la luz de la revelación de su Palabra.

Es importante decirte también que aquí te abrí mi corazón y confesé las malas actitudes y errores que me impedían avanzar hacia lo que Dios tenía para mí.

TODOS HEMOS SIDO CREADOS CON UN PLAN DIVINO

He entendido que Dios tiene un plan divino para mi vida y que necesito tener una actitud positiva para encontrarlo y alinearme al mismo. Definitivamente, he entendido que la peor consecuencia de las actitudes negativas es atrasar el plan divino en mi vida. Te invito a que abras tu corazón y mente para comenzar tu transformación. Hazlo con fe y esperando un cambio maravilloso en tu vida.

La mayoría de las personas llegan a un punto de sus vidas en las que se sienten abrumadas con el día a día. Ahora te invito a que te hagas tú estas preguntas:

¿Te gustaría crear fácilmente UN proceso personalizado que te ayude a planificar la vida de una manera organizada y con sentido?

¿Cada vez que escuchas que es importante ir detrás de tus sueños, tú sabes que fuiste creado para mucho más, pero no sabes cómo comenzar?

¿Quisieras tener un plan completo, una guía paso a paso que te ayude a diseñar esa vida maravillosa y plena que tanto deseas?

¿Te sientes así? He creado un programa para ti.

Es un programa de 21 días de inspiración y reflexión al cual he titulado "El Plan Divino"

Este programa puede ser utilizado por: Emprendedores, dueños de negocio y ejecutivos, estudiantes, líderes de grupo, escritores, madres y padres de familia, todo aquel que desee cambiar positivamente el rumbo a su vida.

Estos son los beneficios que lograrás con el programa el Plan Divino, "21 Días de Inspiración y Reflexión":

Verás lo fácil que es crear un plan completo y Transformar tu vida de adentro hacia afuera.

Cada vez que escuches estos audios tendrás la sensación de tenerme a mí como tu mentor Virtual acompañándote paso a paso, para Trabajar de manera práctica en tus sueños y llevándolos de visión a pasos específicos de acción.

Descubrirás "La Sal de tu Vida", un método inédito y *oculto* hasta ahora, revelado poco a poco en la secuencia de los audios que te guiarán a Trascender dejando un legado para tu familia y la humanidad.

¿Quieres saber cómo funciona? Visita:

www.ElPlanDivino.com

ACERCA DE LA AUTORA

Rebeca Segebre es ingeniera de sistemas, graduada en teología y prolífica escritora. Se hizo conocida como autora de éxitos de librería, con su best seller *Confesiones de una mujer desesperada* y sus populares reflexiones *Un minuto con Dios* transmitidas por radio y televisión en toda América Latina.

Rebeca es la presidenta de Güipil Press, una editorial que ayuda a las personas a escribir y publicar sus libros.

Al lado de su esposo, es cofundadora y directora de Vive 360 Media, Co. una organización que ayuda a compañías, escritores, celebridades y emprendedores a construir, lanzar con éxito sus proyectos y crecer sus negocios en internet. Juntos producen el programa de radio «Vive 360 con Rebeca Segebre» el cual también es una plataforma de contenido de inspiración para la vida plena.

Además, es interesante destacar una serie de servicios que ella le ofrece a la comunidad. Por ejemplo, imparte seminarios y conferencias como: «El poder de la actitud positiva», «Los 7 hábitos de la vida plena», «Relaciones saludables», «El milagro de la adopción», etc.

En la actualidad, Rebeca vive cerca al mar, con su esposo y sus dos hijos.

Si deseas escribirle a la autora, o quieres mayor información acerca de sus seminarios y conferencias, puedes comunicarte a través de estas vías:

Correo electrónico: rebecasegebre@gmail.com
www.Vive360.org / www.GuipilPress.com

Mi Vida: Un Jardín

Un hermoso libro para meditar y poner en práctica. Con ejercicios diarios para sembrar las virtudes que van ligadas a tu transformación y que te llevarán a cosechar felicidad.

El libro **Mi Vida: Un Jardín** te lleva paso a paso a desarrollar virtudes y tomar las acciones que transforman tu ser. Estas virtudes pueden renovar la vida de tus relaciones y tu vida interior en un hermoso jardín.

Te invito a ver **la serie de 3 videos** llamados: "Virtudes que transforman: Expresiones prácticas del amor de Dios y como cultivarlas". Basado en el libro *Mi Vida: Un Jardín*, completamente gratis en vive360.org/jardin

"Deseo que cuando leas este libro, sientas el deseo de hacer un inventario de las semillas que estás sembrando en tu hogar, en tu emprendimiento, en tu vida interior y que decidas a conciencia qué cosas valen la pena seguir alimentando y qué otras vas a arrancar para siempre de tu huerta." **Rebeca Segebre**

Solicítalo en tu librería favorita o visita:

Vive360.org/jardin

La guía que necesitas en tu camino hacia una vida sana, feliz y fructífera.

www.vive360.org/jardin

www.ingramcontent.com/pod-product-compliance
Lightning Source LLC
Chambersburg PA
CBHW070154230526
45471CB00002B/665